新潮文庫

ほんとうは怖い沖縄

仲村清司著

新潮社版

9482

まえがき　心霊列島・沖縄

罰当《ばちあ》たりと沖縄の人々から罵倒《ばとう》されることを覚悟で書く。

南国の太陽が燦々《さんさん》と輝く沖縄は、実のところ怖～い闇《やみ》の世界が支配する島だった。

その怖～い沖縄は観光客がこぞって訪れるスポットの真裏に潜んでいる。そこには眩《まばゆ》いばかりの見た目の風景とは相反する戦慄《せんりつ》の恐怖が同居しているのだ。

繁華街の雑踏にひっそりたたずむ御嶽《ウタキ》、マンションの敷地内や料飲街の通りに面して立ち並ぶ亀甲墓《かめこうばか》、民宿のトイレに貼《は》られたおどろおどろしい御札……。

観光コースの目玉となったＤＦＳ（那覇《なは》市にある免税店）や移住者向けの新築マンションが林立する那覇新都心も心霊スポットだ。

ここはもとは沖縄戦で多くの死者を出した激戦地で、墓場もあった場所だった。

「人骨の上に暮らすなんてどういう神経をしているのか……」

地元の人々が密《ひそ》かに噂《うわさ》する声が聞こえてくる。

世界屈指のサンゴの海も例外ではない。あの美しい海こそ沖縄人《ウチナーンチュ》にとっては最上ランクの禁忌の場であるといっていい。

それが証拠に沖縄人は、海ではめったに泳がない……。

禁断の地には沖縄人だけが知っている闇の掟《おきて》がある。しかし、沖縄の人たちはそのことを黙して語らない。

いや、かりに尋ねたとしても口ごもるに違いない。あの穏やかなはずの沖縄人の表情がこわばる瞬間だ。

虚像が一人歩きする沖縄。独自の神話を持ち、内地と異なる歴史を歩んだ沖縄は、そもそも「信じるもの」「畏怖《いふ》されている神仏」からして内地とは違っている。

ご加護もすれば祟《たた》りもする先祖の霊、数千名もいるといわれる霊能者ユタ、居住者や建築士よりも優先される風水師の意見、あるいは見えないはずのものが見えるセジ（霊的ステージの高い人）。町のあちこちで見かけるシーサーや石敢當《いしがんとう》もただの飾り物ではない。あれはれっきとした魔よけなのだ。

沖縄の人々はマジムン（魔物）を極度に怖《おそ》れている。なればこそ、町を歩けば不吉な話がそこかしこに転がっているのだ。沖縄とは本来そういう土地なのである。

日本でもトップクラスの人気の観光地にはアンビバレントな胡乱《うろん》な気配がひそんで

いる。

唯物《ゆいぶつ》論者であった私はこの地で暮らすなかで、いつしか見てはいけないなにごとかと向き合わざるを得ないようになった。

そんな禁忌の場所にあなたは足を踏み入れてはいないか。

これは沖縄で暮らして13年を経て、ようやく世に明かす気になった怖い怖い禁断の観光案内である。

目次＊ほんとうは怖い沖縄

写真　仲程長治（P25、79）
協力　壺屋ガーデンハウス・沖縄そば『風庵』
地図　スタジオピース・山中泰平

ほんとうは怖い沖縄

第1章　私のデージ《すごく》怖〜い体験

『達磨山西来院』の水子供養堂

こうして僕は引っ越した

２００８年2月、僕は住まいを変えた。沖縄の那覇に移り住んでから13年になるが、これでもう5度目の引っ越しである。前回のマンションでは6年間暮らした。思いきって新築の分譲マンションを購入したこともあって、一生住み続ける予定だったが、それでも結局6年しかもたなかった。

それまでの引っ越しにははっきりとした理由がある。だが、今回越した理由はいまもってうまく説明できない。はっきりしているのは、この引っ越しを機に22年間連れ添った妻と離婚したこと、互いに独り暮らしとなったことだ。

ただあのとき、二人の身に同時に説明のつかない異変が起こったことだけは真実である。いうなれば、そのただならぬ怪事が離婚という重い道を選択させたのだが、実は引っ越し当初から不吉なことをいわれた。

沖縄では家を新築したり購入したりしたとき、ユタといわれる民間の霊媒師に依頼して、家内安全のための御願《ウグワン》（＝神仏への願い事や加持祈禱《きとう》）をしてもらう習慣がある。僕は根っからの唯物論者《ゆいぶつ》であるから、霊的な存在を認めないし、お祓《はら》いや祈禱などに頼るのはもってのほかという立場である。が、妻は大の占い好きであった。なので、もし家相がらみのことで何か問題が起こったとき、あとからとやかくいわれるのは面倒だったので、このときは彼女のやりたいようにまかせることにした。

その御願は型どおり滞りなくおわったが、それから、ひと月たった頃、引っ越し祝いに来てくれた妻の女友達から面と向かってこういわれたのであった。

「また引っ越すことになりますね」

その友人はユタではないが、沖縄ではセジの高いといわれる人で、セジとは霊力、霊威のこと。いわゆる「目に見えないものが見える人」であった。

沖縄には3000人～1万人ものユタがいるとされるが、セジの高い人になると数え切れないほどいるといわれる。むろん、そういう存在すら僕は信じていなかったのだが、その妻の友人がいうには、「別のところで暮らしているあなたが見える」というのである。

大金をつかって購入したマンションである。

（お祝いにきてくれたのではないのか。なんと失礼なことをいう人だろう……）

言葉にはしなかったが、僕は気分を悪くしていた。が、結論からいえば、その通りになっていたのであった。

ただし、このときの会話はそこで打ち切られている。その人とはいまでは兄妹のようなつきあいをしている昵懇《じっこん》の間柄だが、彼女がいうには、当時はさすがにそれ以上のことをいうのは、あまりに気の毒すぎて遠慮したのだそうだ。

それから5年後、僕たち夫婦の仲は突如として険悪になった。夫婦喧嘩《げんか》はそれまで日常茶飯事のことで、互いに口をきかない状態になることもしょっちゅうあったが、それでもどちらが折れるでもなく、時間が経《た》てばいつのまにか元の鞘《さや》に収まっていた。それが夫婦というものであろう。ところが、このときばかりは時間をおけばおくほど互いに距離と誤解が生まれ、言葉を交わすたびに罵倒と口論が始まった。

諍《いさか》いの原因はいまもって判然としない。突然、二人の間に溝ができたとしかいいようがない。しいていえば、顔を合わせるという日常の出来事が、毎日のように繰り返される諍いの理由を作り上げているというような感じだった。

お互い帰宅する時間を先延ばしにして飲みふけり、そのうち深夜帰りを繰り返すようになった。二人にとって、安住の地はもはや家にはなかったのである。

顔つきも別人のように変貌《へんぼう》していた。妻の目尻《めじり》はつり上がり、僕は死相が出ているといわれるほどに目の周囲がどす黒い隈《くま》にふちどられ、体重もみるみる減ってやせ細っていった。いま思い出してもぞっとするのだが、もし憑依《ひょうい》というものが本当に存在するなら、僕たちはまさにそのようなものであった。

みかねて間に入ってくれたのが、「引っ越すことになる」と予言した例の妻の友人である。彼女は霊感の強い人ではあるが、いわゆる拝み屋ではないし、ごくふつうの働く主婦である。医療機関で働いた経験もあるので、医学的な知識も豊富だし、ふだんは科学的なものの見方をする。

なので、友人として互いのいいぶんを聞いてくれたり、医学的観点から類型の症状を調べてくれたり、医療施設を紹介してくれたりもした。

そうして、文字通り献身的な世話をしてくれた上で、彼女は僕に、こういったのだった。

「仲村さんは信じないでしょうが、奥さんにはヤナ、オバァが憑《つ》いています。霊を祓わなければなりません」

「ヤナ、オバァ」とは、直訳すると底意地の悪いオバァとでもいおうか。悪霊《あくりょう》ではないが、夫婦の諍いや口げんかを見ては手を叩《たた》いて喜んでいる性悪のオバァが妻に憑依し、背後霊のようになって妻の気分をいらつかせているというのである。

まるで、姑《しゅうとめ》の嫁いびりのような話で、にわかに信じがたいことであったが、そのころの僕は体重が7キロ近く激減し、心身共に極限状態にあった。除霊であろうが祈禱であろうが、元の状態に戻してくれるなら、なんでもやる。まさに、わらにもすがる思いになっていた。

だが、彼女は霊視のようなことはできても除霊する力はなく、このようなケースは夫婦そろってユタにお祓いをしてもらったほうがいいと勧められた。結果的に僕はユタを紹介してもらった。

お祓いに出向くと、ユタから電話やメールのコンタクトも互いに遮断し、当面は妻が別のところで暮らすようにといわれた。

ユタが別居を提案したのは、「ヤナ、オバァ」の霊力が強く、家に戻れば、またいずれは取り憑いてしまうからだという。実のところ、妻は友人のすすめで、それまでに何度かそのユタに自分のことをみてもらっている。

そして、そのたびにお祓いをしてもらってはいるのだが、ユタがいうには、一時的に落ち着いても、十日も経てばまた「ヤナ、オバァ」に取り憑かれてしまうというのである。つまりは、それほどまでに「ヤナ、オバァ」の霊力は強力でやっかいらしいのだ。

結局、いわれるまま別居したのだが、このことはユタの霊力をもってしても、これ以上は手の施しようがないからという最後通告でもあった。あるいは、これまで数え切れないほど夫婦諍いの相談にのってきたそのユタの人生経験からみても、僕と妻の関係はもはやいきつくところまでいってしまっている、そう判断したのかもしれないが……。

案の定、1か月後には妻はまた様子がおかしくなり、禁じられていた連絡を寄こすようになった。もとより、狭い島社会だから、いやおうなく顔を合わせることもある。そのたびに口論になった。

まるで別の人物が吐いている言葉のようで、なにかの病がそうさせているのか霊障なのか、皆目見当もつかなかったが、明らかにふつうの状態ではないことだけはわかる。

それからは恐怖と怯《おび》えだけが僕のなかに棲《す》みついた。仕事どころではなくなり、心療内科に通うようになった。十数種類もの薬を服用するようになった僕は自宅に戻らず、ホテル住まいをするようになり、耐えきれずに内地に逃げたりもした。それでも、何かに追われているような感覚が抜けなくなっていた。

その間、友人はずっと妻の面倒をみていてくれた。その友人から「憑いていたものもとれて、ふっきれたみたいです」という連絡があったのは、半年後のことである。

ほどなくして、妻から離婚の申し出があった。僕もすでに別れる意思を伝えていたので異存はなかった。書類上の手続きを進めるため僕たちはひさしぶりに顔を合わせることとなった。

妻の表情にはぎこちなさが残っていたものの笑みが戻っていた。これまでのことがウソのように口調も穏やかで、まるで夢から覚めたように、あらゆることにふっきれていた。正式な離婚はマンションを売却した後からということを取り決めて、僕たちは別れるための準備に入った。

その数日後、売りに出したマンションにユタと友人が駆けつけてくれた。これまで住まわせてもらった土地の神様にお礼の御願をするのだという。ユタは「ヤナ、オバァ」はもういないといった。

御願を終えたあと、僕は仕事場のある市街地までその友人の車で送ってもらった。その途中のことである。車が某地区に入ったとたん、彼女は突然小さな叫び声をあげて車を停車させたのだった。

「ここですね。仲村さんはこの場所に住むことになります」

彼女が指をさした場所はまだ更地だったが、分譲マンションの建設予定地になっていた。まさに、そのときである。

「また引っ越すことになりますね」

と、6年前の彼女の予言が頭の中でよみがえったのは……。

ユタも、「ここになりそうね」といったが、だからといって、その言葉を鵜呑《うの》みにしたわけではない。マンションは売りに出したばかりだし、それよりもなによりも、この1年近くの間に起こった出来事から僕は立ち直ることができず、引っ越しのことなど考える余裕もなかったからである。

ところが、それから数か月後のある日のこと。僕はとある店で偶然その友人とユタと出くわし、開口一番、マンションの建設予定地はどうなっているかと問われたのである。

奇遇にもその日はマンションが売れる目途《めど》がたった日で、ちょうど次の住居をどうするか思案していた矢先だったのだ。とはいえ、その建設予定地のことはすっかり忘れていた。

思えば彼女とはいつも不思議な因果でここまでの縁を紡《つむ》いできている。否定したくてもしきれない出来事も目《ま》の当たりにした。説明のつかないなにかの力に動かされているように不動産屋に赴くと、ほとんどの部屋が売れていて、残っているのは最上階と8階の1室ずつだけだった。

彼女に図面を見せると、「ここになるはず」と最上階を指さした。

翌日、不動産屋に出向くと、なんと10分前に８階は売約済みになったというではないか。真っ先に売れてよさそうな最上階が最後まで残っていたというのも奇妙な話だが、ここまでコトが動くと自分の意思など、もうどうでもよくなる。

友人に予言されたとおり、僕はいま彼女が指さしたその部屋でこの原稿を書いている。

生き霊

那覇で暮らしながら、その那覇でホテル暮らしをしばらくの間やっていたことがあった。と書くと、印税ガッポガッポの鼻持ちならない成金野郎と思われるかもしれないが、当時は印税が入るどころか、その収入源を断たれるほど仕事ができない状態にあった。

早い話が鬱《うつ》病を発症し、心身が危機的なまでにノックアウト状態に陥っていたのである。不眠、虚脱感、微熱が続き、極度の食欲不振で体重はひと月で7キロも減った。やがて、音楽やテレビの映像や音声も受け付けなくなり、新聞や書物も読めなくなった。

むろん、病院には通っていたが、症状は改善せず、医師から薬物療法と別に転地療法をすすめられた。気分転換に沖縄から離れて、温泉にでも入ってゆっくり休養しなさいというのである。なるほどそういう手もあるなあと思ったが、その頃は何本かの連載記事を抱えていたので、沖縄を出てどこかでロングステイするというのは現実的にできない相談だった。

そこで思いついたのが、自宅を離れてホテルで過ごすという方法であった。身の丈とかけはなれた贅沢《ぜいたく》ではあったが、生まれて初めてあじわう苦しい状態から一刻もはやく逃れたかった。その痛苦な思いがホテル住まいを決心させたのだった。

いったん腹をくくるとそこからコトはとんとん拍子で動いた。友人に事情を打ち明けると「いい宿があるから」と、すぐに壺屋《つぼや》にあるウィークリーマンションを紹介してくれた。とりあえず1週間はそこで過ごすことにし、あとはなりゆきにまかせることにした。

ウィークリーマンションは快適だった。どの方角も表通りから遮断されて建っているせいか静寂で、まるで隠れ家のような佇《たたず》まいだった。敷地内には小森のような庭園もあり、部屋の窓の真下には木々に護《まも》られるようにして古い御嶽《ウタキ》が祀《まつ》られていた。

部屋の中にいるだけで、土地の清らかな気の流れに浄化されていくような感じがし

壺屋のウィークリーマンション

た。これなら熟睡できそうだとホッとした気分でベッドに寝転がったとたん、携帯電話が鳴った。知り合いのいわゆる「見える」女性からの電話だった。彼女は僕が心の病を患《わずら》った経緯や病状を熟知していて、前々から医師の指示にしたがって転地療法を始めるようすすめてくれていたのだった。

「実はさっき金縛りにかかったのです。そのとき、仲村さんに憑いているものが見えて、邪魔をするなとしきりに恐ろしい顔でいってくるものですから、心配になって連絡しました。どうかされましたか？」

「えっ？　自宅を出て宿に移ったけど、それがどうかしましたか？」

「ああ、そういうことですか……。それならいいのです。あなたが住居を変えたので、憑いているものが私に文句をつけにきたのでしょう。いい場所のようですね。魔物は部屋の中に入れないようですから、今夜は外出しないように。部屋でゆっくり休んで下さい」

身の毛がよだつような話だが、彼女には部屋の中が見えているということなのだろう。ただし、僕は超常的なことや憑きものみたいなものに対してははっきりと一線を画している。むろん、そのことは彼女も熟知している。読者におかれては、それでもなお彼女が僕のことを心から心配し、親身になって世話をしてくれていると考えていただきたい。

ともあれ、やっかいきわまりない事態を抱えたわけだが、翌朝は窓の正面のフクギに集まる小鳥のさえずりで目が覚めた。何か月も入眠障害や中途覚醒《かくせい》で苦しんできたのに、それがまるでウソのように熟睡していたのであった。が、その快適な時間もつかの間だった。日が暮れると同時に出かけた行きつけの酒場で、初対面の女性客から、「あなた、生き霊が取り憑いているわよ。ずいぶんお体の具合が悪そうだけど、生き霊のせいじゃないかしら。除霊しないと取り返しのつかないことになりますよ」

と、いきなりいわれたのであった。

このときの会話で知ることになるのだが、その女性客は、奇《く》しくも僕が泊まっているウィークリーマンションのオーナー婦人だったのだ。しかも婦人は店の常客でもあり、彼女もまた「見える人」だったのである。さらにいうと、その酒場の主人こそ僕にそのウィークリーマンションを紹介したそのひとであった。この世の出会いはすべて必然という言葉があるが、それが本当なら、時が熟すのを待つように、出会うべく関係の点と点がこのとき1本の線につながったことになる。

とはいえ、出会わねばならなかった理由に「生き霊」が絡《から》んでいるというのはあまりに不気味すぎるのであるが……。

それはともかく、婦人によると、昼間、宿のロビーですれちがったとき、僕の肩越しに呪詛《じゅそ》するような醜悪な顔つきの生き霊が見えたのだという。で、夜になって店に出かけてみると、僕が間髪を入れずに入店してきたというしだい。ただし、彼女いわく、この邂逅《かいこう》は偶然ではないそうな。

「あなたがここにいらっしゃることは見えていましたから。お待ちしていました」

さすがにドキリとしましたなあ。この発言をどうとるかは読者にゆだねることにするが、とにもかくにも、こういう事態になれば、いかな無神論者や唯物《ゆいぶつ》論者であろうが、我が身にいったい何が起こっているのか、気に病まざるを得ないというものだ。

この頃、僕の目の周りはどす黒いクマでふちどられ、頬もげっそりこけ、顔色は肺病患者のように蒼白《あおじろ》かった。死相が現れていると指摘する人までいたくらいだから、この容貌《ようぼう》については、精神領域の疾患で説明するより、なにかの魑魅魍魎《ちみもうりょう》に取り憑かれているとみるほうが、よほど説得力があったといっていい。

いずれにしても、僕は「見える人」から2日連続で霊の影響を受けているといわれたことになる。しかもそれが生き霊の仕業であるとすれば、なんとも気味の悪い話だ。

呪《のろ》われるほど憎まれるようなことをしでかした覚えはないが、それはこちらの勝手な思いこみで、どうとるかは相手しだい。親しい関係であっても、こちらが何気なく発した言葉やふるまいが、相手の感情を著しく傷つけていたというのはよく聞く話だ。いや、親しければ親しいほど、恨みや妬《ねた》みはより深くなるというから、知らない間に人の憎しみを増長させるようなことをした可能性も十分にあり得る。こうなっては心霊現象であろうが現実の人間関係のゴタゴタであろうが、急ぎなんとかしなければならぬ。

ここで婦人のすごみを見せつけられることになる。なんと僕の代わりに縁切りに御《ご》利益《りやく》のある拝所《ウガンジュ》に出かけて拝んでくるというのである。いうなれば拝みの代行だが、生き霊祓《ばら》いは熟達した人が扱う領域らしく、僕のような素人《しろうと》が拝みを入れたりすると、かえって危険なのだそうだ。

ただし、僕も首里の末吉宮《すえよしぐう》を参拝するように勧められた。除霊というオカルト的な目的でお参りするのは僕の立場上、あってはならないことであったが、もはやそんな理屈をこねている場合ではなかった。病身のこの身はそれほどまでに追い込まれていたのである。

末吉宮は15世紀に熊野《くまの》権現《ごんげん》を勧請《かんじょう》して創建された神社で、いわゆる琉球《りゅうきゅう》八社のひとつ。王朝時代は国王も参詣《さんけい》した格式の高い神社とされている。境内は末吉森という広大な緑の丘陵地の一部を成していて、丘の頂上にある本殿は国の文化財に指定されている。

そこを参拝した帰り道のことである。本殿から続く階段を下りきる直前で、僕の数メートル後方からキュッ、キュッ、キュッという足音がついてくるのに気づいたのだった。ゴムの長靴で木造の廊下を踏みつけたような音といおうか、キュッ、キュッ、キュッ……。

足音に気づき、歩みを止めたとたん足音も止《や》んだ。いやだなあと思ったのは、むろん生き霊のことが思い浮かんだからで、そんな話を聞いていなければすぐに振り返っていたはずだ。関西にはこんなとき、「どうぞ、お先に」といえば足音が消えるというまじないがある。

ふとやってみようかと思ったりしたが、それで本当に足音が消えたらどうする。いや、それより足音が消えずについてきたらどうするのだ。

振り返ってはいけない。瞬時に判断した僕はダッシュで駆けだして逃げた。

書きながら、いまもあの音が耳に甦《よみがえ》ってくる。キュッ、キュッ、キュッ……。そうして、あのときもし振り返っていたら――。

おそらく僕はその場で説明のつかない何かに取り憑かれていたに違いない。というと、おまえが主張していることと矛盾しているではないかとつっこまれそうだが、そう思えてならないのだから仕方ない。ともかくもあの場合は、振り返らないで正解だったのだ。その後、生き霊とやらに悩まされるようなこともなかったし……。

と、この日和見《ひよりみ》唯物論者はしみじみと胸をなで下ろすのである。

魂を落とした人

その女性は初老の男に担《かつ》がれるようにして事務所の中に入ってきた。

もう6年近くも前のことだが、当時、僕はある印刷会社の嘱託業務のようなことをやっていた。その会社のデスクを借りて本業のモノカキ稼業《かぎょう》をやらせてもらうかたわら、広告や書籍の編集、デザインを指導する仕事を請け負っていたのである。ときに新入社員の面接を担当することもあって、この日は中途採用の応募者に会うことになっていた。それが冒頭の女性というわけだ。

男は父親だった。娘が出がけに気分がわるいというので付き添ってきたという。この業界は激務になることが多い。健康状態が不良ということはバツ。不採用をみずから決定づけたようなものだが、どうも様子がおかしい。確かに具合がわるそうなのだが、なんというのか、目に力というものがまったくない。語るのもやっとという感じで、中肉中背のわりには質量感が失《う》せてしまっているといおうか、いまにも体そのものが消えてしまいそうなくらい弱々しいのである。

　面接できるような状態ではないのですぐに帰宅してもらったのだが、父親に付き添われている後ろ姿も奇妙であった。まるで地上10センチを浮遊しながら歩いているようで、地に足がついていないというのはこういうことをいうのかと思ったくらいだ。

　その様子をみながら年長の社員が、「あのコ、マブイを落としているね……」と気の毒そうにつぶやいた。マブイとは「魂」のこと。内地では魂は死んだ人の御霊《みたま》のことをいうが、沖縄でいうところのマブイは一般に「イチマブイ」といって生きている人の魂のことを指し、シニマブイ（死後まもない人のマブイ）とははっきり区別している。

　マブイは心的ショックを受けたり、事故に遭ったりしたときなどに落ちてしまうとされ、落ちれば文字通り魂が抜けて、身体《からだ》が抜け殻のような状態になり、そのまま放っておくと生気を失ったり、身体の不調が続いて病気になったり、ときに悪霊《あくりょう》が入ってしまうこともあるという。そのため、落としたマブイは戻すのが鉄則で「マブイグミ」という魂を戻す儀式もごく一般的に行われている。

　超常現象を信じない沖縄の人の間でも、どういうわけかマブイの存在に関してはかなりの人が信じているようで、否定するような会話はついぞ聞いたことがない。そんなわけで、マブイという言葉は子どもたちも日常用語として使うくらい一般化している。

もちろん、僕も言葉の上では知っていた。が、マブイを落とした実物を見たのは初めてだった。いや、正確には「そういう状態が本当にあるとすれば」という但《ただ》し書を添えなければならないが、こんなに疑り深いワタクシでも、なるほどこれがその状態なのかと激しく納得したことはたしかだ。

その後、「あの人、マブイを落としている」と指摘された人を何人も見てきたが、これほど標本性の高い例は後にも先にもいなかった。というか、僕自身がマブイを落としたことがあったらしいのだけれど、自分ではその状態かどうかわからなかったし、40年近く暮らしてきた内地でもこんな状態の人は見たことがなかった。

もしかすると精神医学的な病気に似たような症例があるのかもしれないが、マブイは驚いたり、つまずいたりしただけでも落ちるとされ、これくらいのことで精神的な疾患になるとは考えにくい。

よくわからないが、語源的に考えると興味深い。内地では驚いたときに「たまげる」と表現するが、語源は「魂消る」という説があり、意味的にはマブイが抜けると同じニュアンスになる。時代の変遷《へんせん》とともに、内地の魂は江戸期の国学の影響で大和魂、和魂といったふうに、国や民族のアイデンティティーを背負わされて重くなっていくが、国家が重くなかったそれより昔は沖縄と同じように、すぐに抜け落ちるフワフワした概念だったかもしれない。書きながら気づいたが、人の魂と書いて人魂《ひとだま》という言葉もそうではないか。人の肉体から抜け出て空中に浮遊している様はいかにも軽く、語源的にもあくまで人間の肉体に宿るもので国家など背負ってはいない。

さて沖縄のマブイの語源である。実のところ、諸説あって定かではないのだが、「守（護）り」という説が理解しやすいし、説得力もあるように思える。想像力を膨らませると、守りはすなわち人を守る。それが身体に宿り、心の働きを司《つかさど》っているとすれば、心身を守る概念となる。

沖縄の古語ではマ行はバ行の音と入れ替わることがあるので「マモリ」は「マボリ」になる。また、沖縄言葉は母音が3つしかなく、ア・イ・ウに続くエの段はイの段に、オの段はウの段に変わるので、ア・イ・ウ・イ・ウに変化する。この法則に当てはめると「ボ」は「ブ」に変化して、「マボリ」は「マブリ」となる。さらに、沖縄ではラ行はrの音が脱落してア行に変化するのでriは「イ」となって「マブリ」は「マブイ」になるというわけだ。

となると、マブイは守護神、あるいは守護霊のような存在というふうに解釈できるのだが、沖縄では人にはマブイが5つあるとか7つあるとかの説があって、1つではなさそうなのだ。そうなると守護神だの守護霊は7人の侍のごとく複数でもって人を守っていることになる。

ではそれぞれ、生き霊封じの担当、死霊封じ担当、妖怪《ようかい》封じ担当といった役割があるのかと、その方面に詳しい幾人かの人に尋ねてみたのだが、その点はどうもよくわからないらしい。ただし、5つであろうが7つであろうが複数で1セットになっていて1つ欠けても腑《ふ》が抜けたような状態になるのだそうな。なので、落としたマブイは何が何でも肉体に収め直すのが鉄則なのだという。

というわけで、マブイの世界は知れば知るほど奥が深く謎《なぞ》めいているのだが、この手の話が詳述されている『沖縄暮らしのしきたり読本』（双葉社刊・比嘉淳子著）にはマブイが落ちているときの状態が書かれている。以下はその症状である。

「ボーッとして何事にもやる気が出ない」「好きな本やテレビを見ても、内容がまったく頭に入ってこない」「夢見が悪い」「夕方の同じ時間帯に、毎日、発熱する」

この症状はかつてストレス障害と診断されたときのワタクシの状態そのもので、すべての項目にわたってモレがないのだ。とりわけ、夕方決まった時間帯に発熱する症状には悩まされたのだけど、以前ほど重くないにせよ、この症状は実はいまもときどき出る。

ということは、僕はマブイを落としているってことか？　いや、以前ワケあってマブイグミをやったので、完納しているはずなのだが、またどこかで落としてしまったのか。

同書によれば「目がトロンとしている」「腑が抜けている」のも、マブイが落ちている証拠だという。あの〜、ワタクシ、最近目ヂカラがないように見えますか？　フヌケた人間のように見えますでしょうか？　そう思われる方はご一報を！　すぐにマブイグミをしたいと思います。

女の子

あれ？　確かに顔だったよな。年の頃なら4〜5歳。おかっぱ頭の幼女というか、花魁《おいらん》や太夫《たゆう》に付き添う「禿《かむろ》」にそっくりの髪型だった。

自宅での出来事である。シャワーを浴び、外出するため部屋で着替えをしているときのこと。姿見の右下にチラと首だけをのぞかせるようにしているそのコが映ったのだった。無表情だが目が合った。が、「ん？」と思う間もなくその子はかき消え、鏡にはハンガーだけが映り込んでいる。

見たと視覚で認識したというより、瞬間だけ瞼《まぶた》に焼き付いたと表現すべきなのだろう。あるいは、まばたきしている間に、背後のカーテンやら小物のたぐいの風景と、目に入った何かの残像が混じり合って幼女のような顔になって脳裏に結像したと……。

なぜならウチには子どもがいないからである。だから、そんな女の子が真っ昼間にいるはずがないのだ。そもそも、背格好のバランスからしておかしい。4〜5歳の年頃なら身長がもっとなければならないのに、鏡に映った女の子の顔は手のひらサイズ。抱っこできる人形よりやや大きい程度の顔である。

「なるほど」と思った。こういう現象と遭遇したときに「見た！」と思いこむ人が霊的存在を認めるわけだなと……。そこに霊的存在を認めない立場にいる人と、決定的な違いが生まれる。なんとなれば、認めない立場にいるワタクシなどはすぐに「気のせいである」「目の錯覚である」と速断で処理するからだ。

あと3秒でいい。そのまま少女が鏡に映っていて、はっとして、後ろを振り返るとやはりそのコがいて「あっかんべー」をしたり、「こんにちは」などといったりしてくれたら、僕もその手の存在を認めないわけにはいかないのだ。つまりは、ほんの一瞬の何かの残像を実体と思いこむか、「見間違い」と思いこむかの違いといおうか。

こういう現象、すなわちいわゆる「見間違い」は日常よくあることで、ここで云々《うんぬん》するほどのことではない。が、同じことが2度あれば……、話はガゼン違ってくる。そう、その2度目に遭遇したのだ。

初めて見たときから1年ほど経《た》っていただろうか。その子を廊下の先で見かけたのであった。いや、正しくは見かけたような気がするというべきなのだろうが、今度は後ろ姿だった。廊下のどんつきは洗面台で、すぐ右手は風呂場《ふろば》。残像は洗面台をひょいと風呂場に曲がる瞬間の姿で、正確には後ろ姿から斜め横の姿が見えたことになる。やはりおかっぱ頭であったことと、赤いオベベを着ていたのが印象的だった。

いまでもその姿がありありと思い浮かぶのだが、前回と同様に身長がせいぜい40センチ程度の女の子で、4～5歳の女の子を模した縮小サイズの人形が廊下の先を歩いていたことになる。むろん、あってはならないことだから、

（気のせいか、だいぶ疲れているなあ……）

と思いこむことになるのだが、2度も同じような現象を経験していながら、不気味と思ったりはしなかった。

むしろ、わるい気はいささかもせず、愛らしいものを見たような気分になっていた。そのあたりの感情は自分でもうまく表現できないが、目にしたように思われるものがおどろおどろしいものではなく、カワイイものであったことが気分を緩ませたのだと思う。

まあ、それも当然のことなのだ。濡《ぬ》れた髪の毛をべっとりと垂らし、青白い顔色で恨めしげにこちらを見つめている姿を目《ま》の当たりにしていれば、僕は間違いなく悲鳴を上げて腰を抜かし、泡をふいて卒倒していただろう。のみならず、その場で思想転向し、カルト系宗教に入信して、今日只今《ただいま》も霊魂の存在を説いては悪霊祓《ばら》いのツボを

売り歩くような狂信的宗教者になっていたに違いない。

それから半年後――。そんなことがあったことも忘れてしまっていたその年の暮れ、僕は首里赤田町の裏通りにある西来院《せいらいいん》の山門をくぐっていた。山号を達磨《だるま》山というこの寺院、地元では西来院とはいわず、その名を達磨寺と呼ばれている。京都臨済禅の大本山のひとつ妙心寺派の末寺で、17世紀初頭の開基という由緒《ゆいしょ》ある禅寺である。

年末のあわただしい時期にここを訪れたのはワケがある。別項でもふれたように、そのスジの人からいわせれば、僕は生き霊やら死霊やらが取り憑《つ》きやすい体質をしているというのだが（というより、そのスジの関係者はみな口を揃《そろ》えたようにそう断言する）、今度は水子が憑いているといわれたのであった。

むろんその程度のことを気にするワタクシではない。が、その霊は他人の水子ではないというのだ。要するに、僕自身の水子だというのだが、しかし、断じて身に覚えのないことである。

とは申せ、こればかりは男の身にはわからぬこと。ましてや、人並み以上に放蕩《ほうとう》を繰り返した経験もある若い時分まで遡《さかのぼ》れば、「身に覚えがない！」と胸をはって言い切れる自信は……、とてもない。繰り返すが、男はこの点、追及されれば正直、口をつぐむほかない。

指摘されたことを鵜呑《うの》みにしたわけではないが、そんな出来事が過去にあったにせよ、なかったにせよ、そういわれてしまえば人として呵責《かしゃく》の念に駆られてしまうのは仕方のないことである。なんせ、心当たりがある、ないでは通用しないことですからな。

そこでせめて供養《くよう》でもと思い、手を合わせに西来院に出かけたというしだいなのだが、むろん、僕にとっては水子の霊が憑いていようがいまいがどうでもいいことである。そういうことがあったとすれば菩提《ぼだい》を弔いたい――、その一心から出た行為と考えていただきたい。

誤解のないようにいっておくが、このことを指摘した人は水子が僕に祟《たた》って、なにか悪さをしているといったわけではない。亡《な》くなった子が成仏《じょうぶつ》したがっているので、水子供養をしている達磨寺で手を合わせてくれれば――、といってくれただけのことである。だからといって、僕自身はその言葉に素直に従ったわけでもないのだ。

仏教の解釈からいえば、水子は祟ることもなければ、迷うこともない。釈迦《しゃか》の悟りは過去・現在・未来を貫く霊魂の存在を否定したところに大いなる眼目があったし、彼が説いた無我の境地は、霊魂が永遠に流転《るてん》するという輪廻転生《りんねてんしょう》の苦しみから脱却するところに重要な意味がある。したがって、水子の祟りなどといわれる現象も、それらはすべて生きている人間の心の迷いの暗示から生じたものということになる。

さらにヒマつぶし的にいえば、水子という概念は享保《きょうほう》・天明・天保年間など飢饉《ききん》が相次いだことによって、口減らしの「間引き」をせざるを得なかった江戸期に生まれたもので、現代のように人工中絶した子や流産した子を指すのではなかった。むろん、水子を供養するための地蔵を祀《まつ》る習慣も江戸時代からあるにはあったが、祟りや霊障がとやかくいわれるようになったのは歴史的に非常に浅く、そのための水子供養の儀式が始まったのは実のところ三十数年ほど前のことなのである。

具体的にいうと、現代版の水子供養を発祥させたのは「阿含宗《あごんしゅう》」や宗教法人明覚寺、あるいは水子地蔵寺といわれる秩父《ちちぶ》郡小鹿野《おがの》町の紫雲山地蔵寺など。これらの宗教施設が1970年代後半に水子の祟りを鎮《しず》めるための積極的な信仰を呼びかけて世間の耳目を集めるようになった。

補足すると、阿含宗は旧オウム真理教の麻原彰晃や幹部が入信していたことで知られる教団であり、明覚寺は霊視商法詐欺《さぎ》事件で幹部らが摘発されて解散命令が出た教団である。また紫雲山地蔵寺の初代住職は保守系の政治評論家で、故佐藤栄作が首相時代に同寺の落慶式に出席したことを述べているほど自民党とパイプの強い教団である。

ワタクシなどはこういう背景があるだけですでにうさんくささを感じるけれど、いずれも水子の霊という「迷信」を信仰の中核に据えて「急成長」を遂げたことを考えると、人の弱みにつけこんだ教団だと思わざるを得ないのである。

話ついでに付言すると、水子の祟りは霊障だとして、その霊は生まれてくるはずだった親にとりすがり、彼岸と此岸《しがん》との間で迷ったまま成仏できないと主張しているのが「六星占術」で知られる細木数子である。つまり、水子の祟りは仏教の教えとはかけはなれた人物や教団を媒介にしながら、いまなおブームとして根強く世間を席巻《せっけん》しているることになる。

というわけで、水子の霊など僕からすれば煩悩《ぼんのう》の所産と断じるほかないのだが、とは申せ、しょせん人間はその煩悩の大海に惑溺《わくでき》する身でしかないことも事実といわねばならない。

なればこそ、祟りなどないと頭で理解していても、他人から何かいわれればすぐに気になって迷ってしまうし、我が子を死に追いやったという呵責もその迷いの中から生まれる。

そこで人は少しでも迷いを取り除こうとして精進しようとする。供養もその精進の目的行為のひとつといっていいが、つまりは亡くなった人を縁として、亡くなった人を偲《しの》びつつ、自分自身を精進させる行為が法要（供養）ということになる。

そもそも親は親として「亡くなった子に何かしてあげたい」という純粋な気持ちから供養するのであって、何か自分に都合の悪いことが起こると、すぐに水子の霊障のせいにするのは本末転倒といわねばならない。あるいは、水子を怨霊《おんりょう》のように扱い、その邪気を祓うがごとく供養するのであれば、それは責任転嫁《てんか》であろう。そのことを思うと現代版の水子が祟るなどという脅迫めいた信仰や、形ばかりの「水子供養」など、かえって水子が気の毒で哀れである。

くどくどと述べたが、要するに僕自身は自分の心にしたがって精進のために供養に赴いたわけで、そこには一点の曇りもないことをいいたかっただけである。

さて、先にふれたように達磨寺は臨済宗の禅寺である。禅宗は浄土真宗と同様に、霊魂を認めない宗派であるから、浄土真宗の寺と同じく水子供養という名のもとに特別な法要・供養をしない寺院が多いのだが、そこは沖縄という土地柄なのだろう。山門を入ったすぐ脇《わき》に堂々と水子供養と染め抜かれたのぼりが立てられたお堂がある。

堂内にはクッキーやお菓子、乳酸飲料といった、いかにも子ども向けのお供えものがぎっしりと並べられている。僕もビスケットやヤクルトなどをお供えして手を合わせた。身に覚えがない存在を偲ぶというのは妙な気分だが、生きている自分がいかにもろく、弱く、迷いの渦中《かちゅう》の存在であるかを知るにはいい機会である。

拝んだあと2階にある本堂に参拝した。そして、そのまま境内に続く階段を下り、山門から出ようとしたそのときであった。例のお堂の中から突如それだけが浮き彫りにされたように目に飛び込んできたものがあった。赤いオベベを着た人形——、ハッとして振り向いて見ると、それがお供えものを置く壇にあったのだ。しかも、いましがた僕がお供えものをした壇の真上に……。さきほどは拝むことに神経がいってまったく気づかなかったが、まさしく鏡に映ったあの子だった。いや、正確にはあの子にそっくりの人形というべきなのだろう。

なぜこんなところで邂逅《かいこう》したのか。深読みすると、あらぬことを結びつけて考えてしまいそうで、胸がしめつけられる思いがした。だいいち、この人形は別の人がお供えしたものではないか。あれこれ意味ありげに考えるべきではないのだ。

人形はほんの少し笑みを湛《たた》えている。思わずそっと頬をなで、再度、合掌して寺をあとにした。以来——、あの子は僕の前に現れないまま今に至っている。

カジョーラー

アレルギー体質でもないのだが、体調を崩すとすぐに皮膚がかゆくなる。カゼなどの感染症の前駆症状では必ずといっていいほど発疹《はっしん》ができるし、寝不足や二日酔いになったときも腕の裏がかゆくなる。

困ったことに僕は40歳をこしてからずっと不眠症を患《わずら》っているので、午前中は毎日フヌケボンクラ頭をふらふらさせながら、二の腕をボリボリかいている。まあ、それでもシャワーを浴びて頭を多少なりともハッキリさせればかゆみは治まるのだが、昨年の夏はそれとは別の皮膚症状に悩まされた。

最初は直径1ミリほどの小さな丘疹が二の腕に現れ、これが両腕に広がり、「うーむ、こいつはやっかいなことになった」と悶々《もんもん》としているうちに脇腹や大腿部《だいたいぶ》にどっと広がり、三日後には全身がイボイノシシ化した。

かい〜のなんので、体のあちこちをかきむしっているうちに発疹が変容した。直径

5～10ミリほどの小判状の赤い斑点《はんてん》に変化し、これが首から下の全身に広がったのである。鏡をみるたびイボイノシシ男から毒々しいウロコ男に変身したおのれの姿におそれおののいた。

（なんじゃ、これは？　もしかして重大な病気にかかったのではないか）

と、近くの病院に駆け込んだのだが、半裸になった僕をみるなり医者は仰天し、あからさまにおののいた表情を見せた。で、こう宣告したのだった。

「私には治せません。大きい病院で検査してもらってください。こういう症状は初めてです。一刻もはやく大きい病院へ！」

診療時間わずか30秒。この世に生まれて約半世紀、医者に見放されたのは初めてのことだが、診療代をとられなかったのも初体験であった。不治の病という言葉が頭をよぎり、こいつは大変なことになったと、その足で急ぎ総合病院で診てもらったが、結局、「しばらく様子をみましょう」といわれただけで原因はわからずじまい。処方された薬はかゆみ止めの軟膏《なんこう》とビタミン剤のみで、その医師からもさじを投げられたのであった。

さて、本題はここからなのだ。この症状をみるなり、正体を「カジョーラー」だと断定した人がいた。といわれても、「なにそれ？」と首をかしげる人の方が多いだろう。

カジョーラー（ハジョーラーともいう）とは原因不明のジンマシンや湿疹のことで、「ヤナムン」とふれたときに体にワッと吹き出るのだという。ヤナムンとは直訳すると「いやなもの」という意味で、いわゆる不浄なもの、魔物のエネルギーのことをいう。むろん目に見えないものではあるが、この手の世界に詳しい知り合いによると、不浄な場所にはヤナムンのエネルギーが浮遊していて、これと人間がすれちがって触れてしまうと、ワッと醜いできものが全身にできるのだという。いかにも超常現象のメッカである沖縄らしい伝承だが、わが身がイボイノシシ化し、ウロコ男となり果てたのはまぎれもなくヤナムンのせいだというのだ。

といわれても、僕のような「見てはいけないもの」がまったく見えない霊感ゼロ体質人間にはピンとこないのだが、とにもかくにも、沖縄には人の皮膚にできものを発症させる魔性のエネルギーが浮遊体のようにうようよしているらしいのだ。

これではうかつにどこも歩けないわけで、沖縄はまことにやっかいな土地というほかない。が、一方ではカジョーラーになったことなどない人もごまんといるし、もとよりそういう現象を知らない沖縄の人たちもいるのだ。

訊《き》いてまわると、カジョーラーという言葉がほぼ通じるのは現在の50代以上の世代で、20代以下はまったくといっていいほどその存在を知らなかった。ただし、お年寄りのなかにはヤナムンと触れさせないために子どもや孫が外出するときは魔よけの塩をもたせているという人もいて、実際、塩をお守りのようにして持ち歩いている人たちが多い。

塩が魔物に効くのかどうかは別として、そこまでいわれるとヤナムンなるものが気になってしかたがないし、僕としても一刻もはやく元の肌に戻りたい。なんせその醜い斑点をみられたくないがために、くそ暑いときに僕は長袖《ながそで》を着て外出していたからである。

で、そのあたりのことを訊いてみると、前述した魔物世界に詳しい識者によれば、「口難《クチナン》、口事《クチグトゥ》が原因かねえ」とのこと。クチナン、クチグトゥとは誹謗《ひぼう》中傷のことで、僕に対する誰かのワルグチが降りかかったのだという（109ページ参照）。

思い返せばそのころはこれまで体験したことがないぐらい人間関係があちこちでギクシャクしていて、つぎつぎと我が身に心労が重なり、心身ともに疲弊の極致にあった。科学的に解釈すればストレス過多の状態が体の抵抗力を落とし、わけのわからない皮膚病に感染したとも考えられるのだが、その僕はといえば、科学技術の最先端をいく医療機関から見放されてしまっているのだ。となると、いかな非科学的な治療法であってもその力を借りるしかないではないか。

　では、肝心の治療法はというと……、

「トイレのスリッパなどの裏を火で軽くあぶり、その裏の部分で患部をはたく」のだという。また、そのときに「このクソやろう！」と、口汚い言葉で患部を怒鳴りつけながらはたくのが重要ポイントとか。汚いものはより汚いもので祓《はら》うという寸法だ。

　聞きながら頭がクラリときたが、繰り返すがこちらは医者に見放された身。沖縄ではこうして原因不明の皮膚病を治してきたといわれたら納得するほかない。

　というわけでこのワタクシ、昨年の夏はトイレの中で怒鳴りながら、スリッパでむち打つ苦行を続けていたのであった。不思議なことにかゆみはその後２〜３日で治まり、しばらくして皮膚に沈着した色素も薄まり始めた。

　スリッパ苦行に効果があったのかどうかは判然としないが、僕の脇腹にはヤナムンがふれたというその斑点の痕跡《こんせき》がいまだにうっすらと残っている。これだけは科学も太刀打ちできなかった何ごとかの証拠である。

那覇の迷宮空間・三越裏

勝手知ったる那覇の道、裏道すいすい抜けてはしご酒！　のつもりが迷子になった。いや、これを迷子とよぶのは、はなはだおかしいといわねばならぬ。なんとなれば、当方、このはしご酒のルートは夜の通勤路とばかりに数え切れないくらい通っていたからだ。

しかも、こう見えても僕はサイクル野郎にして、目指すお店は沖縄一の繁華街、国際通りのすぐ裏手。たとえ道をまちがえてもあちこち走らせれば必ず見覚えのある通りに出られるはず。……が、どこをどう走っても通り過ぎたところに戻ってしまうのである。

場所は三越の裏手から路地を抜けて那覇セントラルホテルを通り過ぎ、左折すれば沖映通りに出るはずのエリア。ここらは筋道が四方八方複雑に入りくんでいるため、そもそも方向感覚が狂いやすい。那覇に移住した当初は真っ昼間でもよく迷ったものだが、移住歴10年を超えて迷うとは思ってもみなかった。

なので、同じ場所をまた通過していると気づいたときは少々焦《あせ》った。このとき徒歩であれば立ち止まってあたりを見回すなどして、冷静な行動をとったに違いない。が、自転車ではそうそう振り返ることができない。当たり前のことだが、ひたすら前方を見ながら人をよけ車をよけして走るのが自転車だからだ。

その間、景色はどんどん流れすぎていく。それでも、とにかく東の方向に向かえば間違いないのだと思った矢先に、久茂地川《くもじがわ》沿いの通りに出てしまった。

「あれ?……」

逆方向に自転車を漕《こ》いでいる。そう気づいたとき、背筋に冷たいものが走った。なおも目下の状況が理解できず、パニクった。それからはどこをどう走ったのか記憶がない。時間感覚も吹っ飛び、頭の中でいろんな景色がグルグル回転しはじめた。「もしや閉じこめられたか」とゾッとしたとき、不意に見覚えのあるコンビニが眼前に現れた。

「おっ!　この角を左折して駐車場の角を左折し、T字路に出たら右折、それで出られるはずだ」

激しく鼓動する胸の内でしつこく唱えながら自転車を走らせると目指す沖映通りに

出ていた。あとは店に一直線。何もオーダーせずに店の2階の小部屋で横にならせてもらった。主人は気功師でもある。20分ほど手当してもらって、やっと落ち着いた。

「危ないとこだったな。気の流れが止まりかけてたよ」

と、店主。お礼をいいながらハッとした。その日の1軒目はめずらしく一滴の酒もやらずにお茶ばかり飲んでいたのだ。なんと、当方、まったくのしらふで迷っていたことになる。

と書くと、いかにも怪奇現象っぽい出来事のように思えるかもしれないが、実は登山の世界ではよくあることで、こういう現象をリングワンデリングという。

自分では前に進んでいると確信しているのに、通り過ぎたはずの場所に戻ってしまうことで、広い尾根道で霧や降雪などに見舞われたときに体験することが多いが、好天時でも起こる。

僕も登山をやっていたのでこの現象については晴れた日に2度体験している。起伏が少なく景色の似た広い尾根道が続くと方向感覚が狂いやすいのだ。

前述した界隈《かいわい》も裏道にはいると似たような住宅が続くので、夜は入るべき道を見落としやすい。隣接する緑ケ丘公園裏手の小路などはいまでもしょっちゅう道を間違える。

というような展開でこの話は乗り切りたかったのだが、事実だけは伝えておく。僕が迷ったあのエリア、すなわちモノレール美栄橋《みえばし》駅付近から旧十貫瀬《じっかんじ》、緑ヶ丘公園、パラダイス通りと国際通りに挟まれたところはかつて墓地であった。

移住した頃、あの近辺でよく飲んだものだが、店のすぐ裏手のトイレの窓から亀甲《かめこう》墓《ばか》が見えたときはびっくりした。通り沿いの住宅や店舗はお墓を隠すように軒を連ねていたというわけで、いまでもそのような場所がところどころに残っている。

さらに付け加えておくと、美栄橋駅のホームからも見える小森のようなこんもりとした丘は七つ墓と呼ばれる史跡で、その名の通り、お墓の跡がいまも残され、有名な幽霊伝説の場所（２１６ページ参照）となっている。だからといって、あの夜、僕は何かに化かされたといっているのではない。そういういわくつきの場所とだけいっている。

第2章　沖縄にいると、なにか見えてくる

拝所に安置された祠

見えないものが見える人

「信じる者は救われる」というが、ワタクシはその「信じる人」のいうことは絶対に信じないという立場に身を置いてきた人間である。いや、このさいもっとハッキリ申し上げよう。僕は若い時分、宗教をアヘンだと斬《き》り捨てたマルクスの考えに激しく共鳴したいわゆる「主義者」であったし、「信じる人」にはたいへん失礼な言い方になるけれど「あんたたち、信じても救われないよ」と吹聴《ふいちょう》してまわった人間である。

その後、僕は釈迦《しゃか》や親鸞《しんらん》の仏教思想に共鳴していく。と書くと、「信じる人」に転向したのかと思われそうだが、それは大きな誤解だ！　とここでハッキリと申し上げておく。

ちょいと小難しい話になるけれど、しばらくお付き合い願いたい。

実のところ、原始仏教の創始者である釈迦は信仰による救済や死後の世界はいっさい語っていないのだ。なので、彼自身、墓をもたなかったし、霊魂はもとより、怨《おん》霊や祟りも認めなかった。ましてや、人が死んだあとどこへ行くかについては「滅びてしまった者にはそれを測る基準はない」として地獄や極楽についても関心を寄せなかった。

釈迦の説法は人を苦しめる煩悩《ぼんのう》を断ち切る方法、すなわち、解脱《げだつ》への道のみで、死ねばただ「空」「無」に帰することだけを説いた。後の世になって、仏教世界に地獄や極楽、霊魂や祟りの概念を持ち込む者が現れるのだが、こういう考え方は釈迦の思想とはほど遠い。強引にいってしまえば、本来の仏教は無神論や唯物《ゆいぶつ》論の立場に近かったのである。

その釈迦の教えを忠実に受け継いだのが日本では親鸞ということになる。彼は霊魂や呪《のろ》い、祟り、生き霊などのいわゆる超常現象を一切否定し、信仰による御利益《ごりやく》もないとした。

親鸞が説くところは実にすっきりしている。

人間は信じることすらできない煩悩にまみれた存在だから、自力で信じて救われるという考えはさっさとあきらめろというのだ。それでも阿弥陀如来《あみだにょらい》という他力がわれわれを煩悩まみれのまま救ってくれるのだから、その如来の本願（機能）に身をゆだねて感謝しようと説くのである。これぞかの有名な「他力本願」の思想的な柱ということになる。

というわけで、僕個人の宗教観や信仰に対する考え方、超常的なものに対するものの見方には一点の曇りもない。すなわち、幽霊や怨霊などはいないったらいない、祟りも呪いもない、見えないものは見えないのである。したがって、現在のスピリチュアルブームについては関心もないし、あの手のことを語る人たちは見えないものを利用して、人間の弱みにつけこむ要注意人物とまで規定していた。

ところが、である。僕が暮らす沖縄は霊的世界など存在しないというマルクスの思想や、釈尊、親鸞の説法がまことにもって通用しにくい土地なのである。その通用しない難易度はおそらく日本一といっていいだろう。なぜか。

結論からいえば、見えないものが見える人、見てはならないものが見えると自他ともに認める人がごくフツーにいるからだ。ここでいうフツーは「当たり前に」「一般的」と解釈してもらいたい。なので、沖縄では「あの人見える人だから」という会話が日常的にかわされている。逆に「そんなバカなことがあるわけない！」と、ドンと机をたたくような人はきわめてまれといっていい。つまり、沖縄という土地は超常的なものが見える人を特殊化する風潮がないどころか、むしろ、霊的世界の存在を信じ込み、積極的に認めている社会！　といっても過言ではないのだ。

とはいえ、「見える」といわれても、これは本人以外証明できないことなので、僕はたいへん懐疑的であったし、「見える人」にも一線を画して接してきたつもりである。当然ですな。なにしろ、これまでのわが人生の宗教観や価値観を決定づけてきた思想や思考法が根底から覆《くつがえ》されることになるのだから、意地でも超常的な現象は信じない立場を貫かねばならない。

だが、いまはあちらの人々のいうことに半歩譲ってしまっている自分がいる。その大きな理由の一つは「霊的世界など存在するはずがない」と僕自身が論理的に正しく証明できないからだ。むろん、科学をもちだして否定する気もさらさらない。僕のへっぽこクサレ頭脳では、宇宙や生物の存在は科学よりも神秘の世界で理解した方がまだ納得しやすく、霊的世界のあるなしが証明できない以上、いまは肯定も否定もしない判断中止状態の立場をとった方が正当だろうと考えたのである。

そしてもう一つの理由……。やっかいな話になるのだが、僕以外は絶対に知らないことを言い当てる人があまりに多いからだ。占いの世界も似たところはあるが、占い師が語るところにはその意味に幅がありがちで、当たっているといえるし、当たっていないともいえるあやふやな言い回しがある。

が、いわゆる見える人はその点が実に明瞭《めいりょう》なのだ。たとえば、僕が子ども時代に住んでいた実家の構造を寸分違わず言い当てたり、過去に患《わずら》った病気やいま患っている病気、いま思い悩んでいることを断定的に言い当てたりするのである。もっといえば、人生を方向づけた出会いや別れのシーン、そこで語った言葉や思いなどを「～だったでしょ！」と大胆に指摘されたこともあった。

その見える人たちの多くは女性である。ひとことでいってしまえば、霊感が強い人ということになるのだが、沖縄ではそういう人を「サーダカ生まれ」「セジの高い人」という。直訳すると、神がかった人、霊的ステージの高い人といった意味だが、大ざっぱにいうと、その人たちにも階級があって、「サーダカ生まれ」「セジの高い人」のトップクラスにいる人を「ユタ」という。

ユタについては恐山《おそれざん》の「いたこ」を想像してもらうと理解が早い。いたこは自分の能力で商いができるのかどうか知らないが、沖縄のユタは口寄せというわゆる降霊をして過去をみたり、将来の見立てや、結婚式、葬儀など慶弔の日取りを見立てたりするので、その能力を生業や副業にしていることが多い。

一説に、こういうお金がとれる霊能者が沖縄にはおよそ３０００人～１万人近くいるといわれる。そして、この能力を商いにせずにごく一般の日常生活を過ごしている見える人の数はというと、もう統計をとるのは不能。あっちゃこっちゃ数え切れないほどいる。

ついでながら、沖縄の伝統的な信仰は先祖崇拝と、御嶽《ウタキ》や拝所《ウガンジュ》と呼ばれる聖地を拝む自然信仰で、既成仏教の宗派のお寺はほとんどない。あっても禅宗であろうが真宗であろうが、その宗派独自の教義は一般の人たちには継承されておらず、檀家《だんか》制度もない。それどころかお寺そのものも一般の人たちの先祖崇拝原理主義というべき信仰観に染め抜かれ、沖縄独特の信仰にほぼ習合されてしまっている。しかも、前述したように「見える人」をごく当たり前の存在として認めているので、このことが他府県とは様相の異なった信仰を形成する要因にもなっている。

つまり、沖縄はワタクシごときが傾倒している宗教観や思想などハナから受け入れられる余地もなければ理屈も通らない土地柄なのだ。では、そのワタクシは「見える人」に何を見られてしまったのか。決定的な事件が10年ほど前に起こっている。

ある料理屋で飲んでいたときのことである。トイレから出てきた70歳前後のオバァがカウンターに座っていた僕の背中をコンコンと軽く叩《たた》き、こういったのだった。

「だぁ、にいさん。オバァ様が後ろに立ってらっしゃるよ。ああ、何代か前のご先祖様みたいだねぇ。うれしいんだねぇ。お墓が気になってるようだよ」

驚いたというより、仰天しましたよ、まったく。なんせ相手は初対面の人で、親戚《しんせき》でもなんでもない。それでいて、いきなり背後霊やお墓のことをいうのだから、不気味きわまりない。少し心を病んでいる人なのかなと思ったのだが、

「よその人にお墓の面倒をまかせていたんだねぇ。にいさんが沖縄に戻ってきたから、ご先祖様もうれしいみたいさぁ。ほこりっぽいらしいから、あんたがちゃんとお墓の面倒をみなさい」

と、間髪入れずに縷々《るる》語るものだからこちらは２度びっくり。というのも、当時は沖縄に移住したばかりの頃で、そのことをきっちり言い当てているからだ。しかも、我が家系は父方が戦前に、母方が戦後すぐに、どちらもお墓を沖縄に置いたまま大阪に移り住んだため、墓の管理を沖縄在住の知り合いにまかせてきた経緯があるのだ。また、父方にいたっては祖父が大阪に永住するつもりで沖縄を離れたため、大阪近郊に新たなお墓を作っている。そのため、入るべきお墓がどちらにあるのかよくわからなくなっていたのである。

父はそのことを気に病んでいたのだが、僕が両親や墓を大阪に残したまま無断で沖縄に移住したものだから、沖縄に移住する直前まで「墓の管理はどうするつもりだ」「オレの人生は墓守りではない」などとよく口論になっていたのである。

こうした背景があるものだから、そのオバァが語ったことはいちいち腑《ふ》に落ちたの

であった。ついでにいうと、その問題のお墓はオバァがいった通り、排気ガスまみれの国道に面していて、たしかにほこりっぽく、これも的中していたことになる。

あとで店の人に聞くとそのオバァはユタではないが、近所でも有名なセジが高いといわれる人で、ときどき客をびっくりさせるようなことをしゃべるということだった。かといって、根っからの主義者である僕はこれしきのことでアチラの世界に転ぶような人間ではない。そういうこともあるだろうというぐらいに思っていたのだが、それから数週間後に知り合ったユタにもまったく同じことをいわれたのである。いわく、

「あんたにお墓の面倒をみてもらいたがっているねえ。ご先祖様がそんな顔をしているさぁ。沖縄にきたのはそのためかもしれん」

そのユタは背後にいる先祖を3代以上前の人といっていたが、この点の真偽はよくわからない。ただ、その後僕は何人かの霊能者と出会っていくのだが、それぞれほぼ同じことをいわれている。そうして4年前、我が仲村家は両親の沖縄移住にともない、分譲タイプのお墓を沖縄で購入し、はれて大阪のお墓のお骨をその地に移すことになった。まさに「遺骨」の「移骨」というわけだが、口惜《くや》しいことに、数年前まで考えもしなかった両親の移住や墓の新設も、これまた知り合いの「見える人」から予言されていた通りに展開している。

さて、そのお墓だが実は「移骨」したときに、泡盛もいっしょに入れておいた。泡盛は冷暗所に置いておくと勝手に熟成し、上等の古酒になるからで、沖縄の一部地域には墓に保管する習慣があるらしいのだ。が、先日、あるセジの高い人から突然、以下の電話がかかってきた。

「仲村さん、お墓をつくったときに泡盛を入れたでしょう。お祝いごとにつきもののお酒を亡《な》くなった人を弔う場所に入れるものではありません」

断っておくが、この人は僕がお墓に泡盛を入れたことを知るよしもない人で、そればかりか入れた本数とその場所まで正確に言い当てた。その人いわく、僕のことをふと思い出したときに、墓の中が見えたのだそうだ。見えるというのはここまで見えるものなのかと背筋がぞっとした。

僕の身をわざわざ案じてくれてのことだから、そのアドバイス通り、次に墓穴をあける機会があるときには泡盛をすべて撤去することを約して電話を切った。これで自家製古酒の夢はおじゃんとなったが、ともあれ、10年前にあのオバァがいった通り、ワタクシは仲村家の墓守り役にきっちりとおさまっている。

ユタ

すでにふれたように、沖縄には霊能者的な能力をもつ人がわんさといる。そのなかでも自らのパワーを生業としている人をユタという。9割以上は女性。女は男よりも神に近い存在とされる沖縄では、地域の神事や祭祀《さいし》を司《つかさど》るのは女性で、祭りのときはいまでも女が神官をつとめる。ユタのほとんどが女性というのも、こうした女性上位の信仰土壌があるからに違いない。

彼女たちの主な役割は霊界と交信し、あの世の人たちの要求を聞き、子孫に伝えること。いわゆる心霊判断のたぐいで、先祖供養《くよう》、結婚・離婚・引っ越し・将来などの見立て、体調や病気などの悩み事の相談、除霊、お祓《はら》い、祈禱《きとう》などもやってのけたりする。内地でいうところの拝み屋のような存在だが、沖縄はその人数がケタハズレに多い。

沖縄県の人口は約140万人。そのうちユタは3000人から1万人もいるとされている。数字にばらつきがあるのは、彼女たちの多くがクチコミ的な存在で、誰がユタなのかといった情報がほとんど表に出ないからだ。そのあたりも奇怪ではあるが、ともあれ、沖縄の場合、単位面積あたりの職業霊能者の割合はダントツで日本一になるに違いない。

僕も取材がらみや知り合いからの紹介で何人かのユタにみてもらったことがある。彼女たちは別におどろおどろしい風体をしているわけではなく、一見したところではそこらにいるオバチャンやオバァと変わらない。また、気圧《けお》されるような霊威を感じるわけではなく、語り口も穏やかで、なにかこうカウンセリングしてもらっているような感じだった。

ただし、折に触れて先祖や土地や家の中の神様などの話が出たり、また、会話している最中に「先祖に●●のような人がいなかったか」「玄関の右脇《わき》に●●を置いていないか」「いつも●●が痛くないか」といったことを聞いてきたりする。ユタを信じている人はたぶんこの●●が当たっているので、彼女たちのお世話になるのだろう。ではいったいユタのいうことはどれほど的中しているのか。

さすが霊能王国・沖縄ですな。こういうことを生真面目《きまじめ》に調査した本があって、その名もずばり『なぜユタを信じるか』（月刊沖縄社刊・友寄隆静著）。書店で見つけたときは思わず「わっ！」と叫んでしまったものだが、この本のなかに「ユタの言うことは何パーセントくらい当たると思いますか？」というアンケート結果が掲載されているのだ。

それによると20代の平均が71％、30代で62％、40代で67％、50代以上が43％で、これらを平均するとユタの託宣が65％もの高率で当たるとの結果になっているのだ。

こうなるとユタを頼る人が多いのも当然で、沖縄では頻繁にユタの託宣を受ける人のことを「ユタ買い」と呼んでいる。謝礼の相場は５０００円～１万円だが、なかにはより当たるユタを探しまわっては判示してもらうユタハンティングのような人がいるとも聞く。

ワタクシごとでいうと、たまたま当たるユタに恵まれたのか、的中しているところはこわいほど的中していたし、大きくハズれてはいなかったというのが印象だ。だからといって、僕はユタの信奉者でもない。なぜなら、過去を推察したり将来を予感したりする力が人並み以上に優れている人がいても不思議ではないからだ。

そもそもユタは霊的ステージの高い人が「カンダーリ」という状態を経て、その特殊な能力を得るとされる。カンダーリとは「神ダーリ」、神がかった状態で、その方面の人たちの言葉をそのまま拝借すれば神霊の憑依《ひょうい》をうけたり、霊にひきずり回されたりする様をいう。この状態の最中は心身ともに苦しく、激しい鬱《うつ》や脱力感、ノイローゼ、頭痛、不眠、極度の食欲不振、嘔吐《おうと》などの症状が現れ、人によってはその状態が数年続くこともあるという。

僕自身、鬱病を患ったことがあるのでよくわかるのだが、こうした状態を経ると多くの場合、神経が過敏になる。うまく表現できないが、心の内を内観する視線が研ぎ澄まされ、ある種の勘が異常なまでに冴《さ》えてくる。

しかもユタはほとんどが年輩の人たちである。ただでさえ多くの人生体験を重ねているし、彼女たちを頼る人から多数の苦労話も聞いている。相談事には当然のことながら酷似した事例があるはずだし、過去の苦悩や将来の生き方に対処するためのヒントの引き出しの数も人並み以上にもっているはずだ。つまりは、そういう人たちの的を射た助言や忠告と考えれば、ユタの託宣は決してオカルト的なものではないのである。

僕も夫婦仲が険悪化したとき、知り合いのたってのすすめでユタをたずねたことがある。ユタは双方の意見を聞いて別居をすすめた。お祓いもされたので戸惑ったけれど、判示はそれだけだった。会話の型は前述したようにカウンセリングに近いもので、亀《かめ》の甲より年の功の言葉そのままに、人生経験豊富なオバァから貴重なアドバイスをしてもらっているような感覚だった。

要するに、聞く側の姿勢しだいでユタは超常的存在にもなるし、カウンセラーにもなるというわけだが、２００８年10月21日、沖縄ではこんな出来事も起こっている。

宜野湾《ぎのわん》市の中学校で体調不良を訴える吹奏楽部の部員が相次いでいるので、父母会の有志がユタを呼んで、部員60名を集めて、音楽教室のお祓いをしたというのである。常識的には医療機関や保健所などに検査を依頼するところだが、霊能王国・沖縄では霊媒師を招き入れて加持祈禱が始まってしまうのだ。

ちなみに、同校では以前も、ケガをする生徒が続出するソフトボール部でユタを呼んだことがあったらしく、「効果があった！」ともっぱらの評判になっていたという。

いかがであろうか。この一事をみても、沖縄社会ではいかに霊能者が認知されているかがわかるし、公共施設においても、ユタにお祓いしてもらうことが珍しくないということが理解できるというものである。

ところで、吹奏楽部の話には続きがある。

お祓い後、しばらくしてから、その場にいた生徒20名が気分の悪さや息苦しさを訴え、うち５名が過呼吸などの症状を発症させたので、病院に救急搬送したというのだ。

幸い全員がその日のうちに回復し、大事には至らなかったのだが、この騒ぎがきっかけでマスコミに知れることになった。

「思春期特有の集団的な不安心理が働いたと思う」と、校長は語ったというが、おそらくその通りであろう。敏感に反応した生徒たちの集団ヒステリーのたぐいだったかと思われる。

地元紙によると、現場には部員のほかに、保護者6〜7名、顧問の教諭がいたという。ワタクシなどは、ユタのお祓いよりも、そんなにも多くの大人がその場に居合わせたという事実の方がコワイと思うのだが、学校は、今後も保護者から同様の申し出があれば、教育委員会と相談の上で決定するとのこと。

過呼吸 生徒5人搬送

真志喜中 おはらいの際「気分悪い」

【宜野湾】宜野湾市立真志喜中学校（比嘉正夫校長）で二十一日夜、吹奏楽部の生徒が過呼吸などの症状を訴え、女子生徒五人が病院に搬送された。五人は当日中には帰宅し、うち三人は二十二日の授業に出席しているという。比嘉校長は「思春期特有の集団的な不安心理が働いたと思う。すでに生徒は落ち着いているが、精神的ケアをしていきたい」と話した。同校は二十二日朝、臨時朝会で全校生徒に説明した。

同校によると、以前から部員の体調不良などがあったため、父母会の有志がユタを呼び、音楽室などの〝おはらい〟をしていたところ、午後七時半ごろから約二十人が気分が悪いと訴えた。過呼吸などの症状が出た五人が救急搬送された。医師は興奮状態による過呼吸とし二人は安定剤を服用して帰宅したという。発生時、現場には部員約六十人と保護者六、七人、顧問の教諭がいた。おはらいについては保護者から校長に「子どもを安心させたいから」との説明があったという。

2008年10月22日付琉球新報（夕刊）より

どうも向かうべきスジが違うのではないかと思うのだけれど、とにもかくにも、ユタはそれほどまでに信頼されているというべきなのでしょうね。

ヒヌカン

「えっ！　エミ？　私はエミじゃありませんけど」

その女性は拝み終えたばかりのヒヌカンに向かって突如そういった。

ヒヌカンとは沖縄の方言で「火の神」のこと。沖縄では土地や家の各所に神が宿っているとされているが、ヒヌカンは台所に安置されている竈《かまど》の神様。見かけは線香の灰が入っただけの陶製の白い香炉だが、沖縄の人たちは朝な夕なこのヒヌカンを拝むことを日課としている。親密度でいえばナンバーワンといっても過言でないくらい親しまれている家の守り神だ。

その日は僕が新居に引っ越しをしてから10日ほど経《た》った日で、旧居から移してきたヒヌカンを新たにセットしてもらうことになっていたのだった。ヒヌカンをセットすることは神事に相当するため、きちんとした手順をふまねばならない。そこでその方面に詳しい女性を招いて一通りの儀式をしてもらったところ、冒頭のようなやりとりになったというわけ。

　無神論者としての立場上、こういうことは、あまり大っぴらにしたくないのだけれど、つまりはヒヌカンと呼ばれる火の神様が「エミ?」と彼女に尋ねてきたというのだ。

「そんなばかなことがあるか!」といいたい人はどうぞその場でどなっていただきたい。その通りである。ヒヌカンは陶製の香炉である。生き物ではない。だから、しゃべるはずがないし、むろん、僕の耳にも聞こえなかった。でも、その女性にはハッキリそう聞こえたというのである。

　ここまで書けばもうお気づきだろうが、その女性は一般の人には見えないものが見えてしまう霊感の強いお人なのである。

　彼女は「ん?」というような表情をしながらヒヌカンを見つめていたが、「あっ」と小さく叫んで僕にこう問い質《ただ》してきた。

「もしかしてこのヒヌカン、エミさんという人が拝んだことがあるのでは?」

　そんなふうに指摘されたのにはワケがある。

　ヒヌカンを拝める人はその家の家族だけに限られているからである。例外は彼女のように神事を執り行うことができる人やユタのみ。つまり、手を合わせる資格のある人間はこの家では独り者の僕だけなのに、エミという人が拝んだ形跡があるというのだ。

誤解のないようにいっておくと、ウチにはエミという隠し妻も妾《めかけ》も愛人もいないし、エミという名前の霊媒師にヒヌカンに関わる神事を依頼したこともない。したがって心当たりはまったくないといっていい。

こんな話を書くとヒヌカンはなにか沖縄仕様のオカルト的な信仰のように思われるかもしれないが、火の神を拝む風習は実のところ日本全国どこにでもある。いまでも旧家にいくと台所に神棚を祀《まつ》ってあるのを目にするが、それがいうところの火の神、竈の神様。「三宝《さんぽう》さん」の呼び名で知られる三宝荒神《さんぽうこうじん》は特に有名だが、ヒヌカンもその類型といっていい。

なにゆえこのような信仰が生まれたのかというと、火は熱の源にして光の源。太陽とともに原始の頃よりたいへん崇《あが》められてきたが、同時に不浄なものを燃やしてくれることから、先人は火という存在に浄化・除魔といった意味も見出《みいだ》してきた。

そのありがたさゆえに、人々は家の中でも火を熾《おこ》す台所を最も清浄なる場所として神聖視し、竈の火を家の神として祀るようになる。これが火の神信仰の起源というわけだ。

ではなぜ、他人がヒヌカンを拝むことを禁忌としたのか。これも内地の火の神様を思い起こせば理解がはやい。たとえば法事のときなど、家を訪ねてきた客が故人の位《い》牌《はい》が安置されている仏壇に手を合わせても、わざわざ台所に入って三宝荒神や竈の神様を拝む人はいない。

その理由は火の神がその家専属のご神体として位置づけられているからで、祀られ方やお供えものも家によって異なる。こうした考え方はヒヌカンも同じ。他人が拝む筋合いがないので、家族以外の者が合掌するのは禁忌とされているのである。

ただし、著しく異なっている点もある。ヒヌカンと家族の関係は内地のそれとは比較にならないほど濃密で、たとえば、旧暦の毎月1日と15日には日々お世話になっていることの感謝を込めて、お供えものまでして御願《ウグワン》するのがどの家でも当たり前のように習慣化している。

というアンタはやっているのかと問われると、ふだんあまりにヒヌカンをおろそかにしているから、先の女性が心配して、たまに立ち寄ってはわざわざ御願してくれるのでありますな。今回もそのご厚意にあまえるかたちでヒヌカンのセッティングをお願いしたのだが、彼女によると、かつては次男以下が分家するときは、香炉の灰を親から分けて相続させるのがならわしになっていたとのこと。それくらい沖縄ではヒヌカンは密接に家族とつながっているのだ。

　また、ヒヌカンに願い事を祈願すると、受験担当の神様、健康担当の神様、金銭担当の神様といった具合に、それぞれの分野に長《た》けた神々に祈りを通してくれるといわれ、いわば祈願の配電盤のような役割も果たしているという。余談になるが、その様子を夢の中でまざまざと見たという知り合いがいる。家のヒヌカンから「竈」の文字が四方八方あちこちに飛び散っていくような光景だったというのだが、その人いわく、これぞヒヌカンがあらゆる神様にお願いごとを伝えているという意味なのだそうだ。

　というわけで、沖縄では家族の健康や厄払いの祈願を通すのもヒヌカンなら、出産、結婚、病気、離婚、死別など、その家族に起こった出来事を報告するのもヒヌカンといった具合で、ヒヌカンはその家庭の願い事から家人の履歴までの一切合切を知り尽くした家長のような存在になっているのだ。日本広しといえども、神という概念がここまで家庭に密着

酒、平御《ヒラウ》香《コー》、花瓶が供えられたヒヌカン

し家族化した例は沖縄だけだと思うが、おそらくはこうした独特の信仰スタイルも、他人が手を合わせることを禁じる大きな要因のひとつになったのだろう。

ともかくも、そのヒヌカンを他人が拝んだかもしれないというのだから話は穏やかではない。こちらには身に覚えのないことだが、もしそんな事実があったとしたら、いったいどうなるのか。なにか神罰のようなものが下るのか、その点がたいへん気になる。

聞けば、バチがあたるということはないらしい。でも、神様が戸惑っているので、「管理しているのは自分です」と報告して、毎日ちゃんと拝みなさいとのこと。

「神様はあなたのことをものすごく応援してくれています。全力で力になろうとしてくださっていますから大切にしてください」

彼女はそういって笑顔をみせた。神様がいるかどうか知る由《よし》もないが、そこまで励ましてくれているのであれば素直に喜べるし、期待に応《こた》えようという気にもなる。

ちなみにヒヌカンはコンロの真後ろに供えるのが基本。香炉の脇には塩、水、酒、米、花瓶などを供え、お願い事をするときや旧暦の1日と15日は15本の線香を立てるなど、祀り方にはいろいろと細かい決まり事がある。

というわけで、翌日からその約束事を守って毎日手を合わせ、お供えものをしたり、線香もあげたりしていたのだが、喉元過《のどもとす》ぎればなんとやらで、いつしか拝むどころかお供えものの水さえ取り替えなくなっていた。ヒヌカンに感謝の気持ちがあれば続けることもできたはずだ。ところが、僕の場合は義務感にかられてやっていたので、細かい作法にとらわれるのが面倒になってしまったのだ。

こうしてヒヌカンをすっかりおろそかにしてふた月ほど経った頃――。

その日は知り合いを招いてウチで飲み会を催すことになったのだが、ふと、台所を見て腰がくだけそうになった。なんと調理をしてくれていた女性のひとりが、ヒヌカンに向かって拝み始めたのである。あわててやめさせたのはいうまでもない。

彼女は他府県から沖縄に移り住んだ人なのでヒヌカンの禁忌は知らない。このときも、台所をお借りしますというごく自然な気持ちで手を合わせたのだった。事情を話してあげると仰天していたが、目が点になって叫びそうになったのは僕のほうである。

「引っ越しのお手伝いしたときも拝ませてもらいましたけど」

荷物の搬入でそのときはまったく知らなかったのだが、そんなことは問題ではなかった。思わず声を上げそうになったのは、彼女の名前が恵美子だったからだ。いつも名字で呼んでいたので不覚にも気づかなかったが、だとすれば、あの日ヒヌカンが告げたという「エミ」とは、もしかしなくてもこの女性？？？……。

以来、このバチ当たり男はヒヌカンの敬虔《けいけん》な信徒となった。というわけで、いまでは感謝の気持ちを込めてこの神様を朝な夕なしっかり拝む日が続いている。

トイレの神様

沖縄の人たちはことあるごとに便所を拝む。いや、それどころか、便所の前にきちんと正座し、襟を正して毎日熱心に拝む人もいる——。

などと書くと、「へ？？？」と思う人もいるだろうがウソではなく、大真面目《おおまじめ》にいっている。信心深い沖縄という土地にあっては便所もまた篤い信仰の場所なのだ。

内地における信仰対象といえば、いうまでもなく神社仏閣。厄除《やくよ》けなど何か望み事を祈願したり、商売繁盛《はんじょう》などの御利益《ごりやく》にあずかったりするとなると、いっそう神社や寺院の役割が大きくなる。家の中では、一般的には仏壇が信仰対象となるが、この場合はどちらかというと、先祖や亡《な》くなった家族の供養《くよう》が主目的で、御利益を求める対象としては機能していない。

ところが沖縄の場合はその役割を屋敷（沖縄では家のことを一般的に屋敷と呼ぶ）の中の神々が担《にな》っているのだ。沖縄は神社仏閣が少ないので神様が屋内で量産されたのかどうか、とにかく家は四方八方、神様だらけ。年中行事のなかにも「屋敷の御願」といって、家の隅々を拝んで回る儀式が年3回も組み込まれているほど、屋敷信仰がしっかりと根付いている。

その主な神々をあげると、まずは敷地（土地）の神様。敷地の東西南北のそれぞれ内側、すなわち屋内の四方の角々にいるとされるひじょうに強い霊力をもつ神様で、家人が原因不明の大病を患《わずら》っているときは敷地を汚《けが》しているおそれがあるという。つまりは神様の逆鱗《げきりん》に触れているというわけで、こわいことに敷地の神様は祟《たた》るのである。

その逆の役割をはたしているのが、家の中心にあたる大黒柱に宿る「紫微鑾駕《しびらんか》」という神様。家族の健康を守ると同時に、新築の家を守護し、天から福や徳をもたらしてくれるとされる。紫微とは北極星の近くにいる神様のことをいい、昔は紫微鑾駕と書かれた板を柱に取り付けたそうな。また、門の左・中央・右には3体の神様がいて魔物や、口難口事《クチナンクチグトゥ》、貧乏神が家の中に入らないよう監視するのが役目とされる。

そして玄関は「戸柱の神様」。門の神様と同様、外から邪気や魑魅魍魎《ちみもうりょう》が入らないよう防御する任務を負っていて、いうなれば門と玄関で二重のセキュリティシステムが働いていることになる。床の間も神様のおわす場所だ。通常、床の間は屋敷のなかでいちばん格式の高い一番座（上座）に設置されるが、ここに宿る神様は家人に知恵や徳を授けてくれるとされる。すなわち、勉学や仕事に大きな影響を与える神というわけだ。

そして台所には75ページでふれたようにヒヌカンが鎮座しているという配置となる。なんだか、こんなにアチコチ神様がいると、毎日どこもかしこもぬかりなく掃除をしていないとバチがあたりそうで心配になってくるが、なかでも必ずきれいにしておかねばならないとされる場所が冒頭で述べた便所である。

便所のことを方言で「フール」といい、便所の神は文字通り「フールの神様」と呼ばれている。沖縄ではヒヌカンと同様、子どもでも知っているくらい世代をこえて親しまれている神様だ。

この神様、ひとことでいってしまうと除霊、魔物撃退の役割をはたしている。すなわち、口難口事や他人からの呪詛《じゅそ》、あるいは死霊《しりょう》や生き霊などが憑《つ》いたときにこれらをはずしたり、マブイを落としたりしたときなど、落とした場所がわからないケース「マブイグミ」（魂を戻す御願・33ページ参照）に強力な霊力を発揮するといわれる。その意味で、屋敷の中でもいちばんの権威的存在であり、ふだんからお世話になる機会が多い神様である。

ただしである。今でこそフールは家の中にあるけれど、内地の旧家がそうであったように、沖縄も屋敷の外に別棟で独立して作られていた。沖縄の場合、便所は屋敷の裏側に据えられたが、内地と大きく異なっていたのは石積みで囲み、そこで家畜の豚を数頭飼育していた点である。要するに人糞《じんぷん》を豚の餌《えさ》にした便所兼豚舎ということになる。

衛生上の理由から1916〜17（大正5〜6）年にかけて廃止されたので、いまはそんな利用の仕方はしていないが、実はこの豚が魔物に対して大きな霊力を発揮したという。

沖縄ではその昔、夜間に外出した場合はマジムン（魔物）が取り憑いてしまうおそれがあるとして、帰宅してもすぐに家の中には入らず、フールに立ち寄った。ここで豚の出番となる。寝ている豚をわざわざ起こしてその鳴き声を聞くのである。豚の鳴き声は悪いマジムンを追い払うことができると信じられていたからだ。

地域によっては、男の場合、夜間はふんどしを頭に巻いてからフールに出向いたらしいが、ここまでいくと、マジムンよりも人間の方がよほど怪しい存在のように思えてくる。ともかくも、たいへんに手の込んだマジナイで、かほどに、沖縄の人たちは迷信を信じていたのである。

そのフールには「フドゥーヌカミ」がいるとされている。フドゥーヌカミとは、不動の神、すなわち不動明王のことを指し、いまでも農村部の旧家や離島の民宿の便所などに不動明王と書かれた御札が貼《は》ってあるのを見かけることがある。

不動明王は古代インド神話時代は炎の神とされたが、のちに仏教に取りいれられて仏となった。日本の真言密教では大日如来《だいにちにょらい》の化身と解釈され、京都の東寺の講堂に安置された立体曼荼羅《まんだら》の脇《わき》を陣取る不動明王の仏像はよく知られている。

東寺の不動明王が好きで京都にいくたびに拝観しているのだが、一説に空海作とされるこの仏像の風姿は衆生《しゅじょう》を救おうとする緊迫感がこちらにまで迫ってくる。

長い髪を左の肩に垂らし、燃えさかる火炎を背負いながら剣を持ち、目をかっとひらいて衆生をにらみつけているその表情は忿怒《ふんぬ》を表した形相であるものの、よく見ると目は涙でうるんでいる。火中で苦しむ子どもを必死で救わんとする親の心情が姿になっているとされ、この忿怒の顔こそ強烈な慈悲の表現といわれている。

不動明王の目的は災害や危難からの守護、疫病《えきびょう》の退散、あるいは修行する者を給仕し、なすべきことを成就《じょうじゅ》させ、最終的には覚者として成仏《じょうぶつ》させる役割をはたす。いわゆる不動尊信仰がそれだ。が、その根本には人間の煩悩《ぼんのう》に対して立ちはだかり、煩悩を払拭《ふっしょく》せよと叱咤《しった》する役目がある。恐ろしい顔をしているのはおとなしく仏道に従わないものを無理矢理にでも導き、救済するという功徳《くどく》があるからだ。まことに敢然とした慈悲深き仏といっていい。

と、ここまではよいのだが、奇妙なことに内地では不動明王が便所に祀《まつ》られるという話はあまり聞かない。しかも、自然信仰と先祖崇拝で塗り壁のようにかためられ、経典や教義をもたない独自の宗教観と信仰を打ち立てた沖縄で、なぜ真言密教の仏を引っ張りだして便所に祀ったのか、この点がどうにも不可解である。

内地では天台宗や禅宗の一部に「烏枢沙摩明王《うすさまみょうおう》」を便所に祀ることがある。この世の一切の汚れを焼き尽くす功徳を持ち、烈火で不浄を清浄と化す法力を持つことから、心の浄化や日常生活の不浄を祓《はら》う役割をもつ火の仏である。便所は「ご不浄」といわれるくらいだから、不浄を焼き尽くすという功徳から便所に祀られたに違いない。

この明王も剣を持ちながら背後に火炎を背負い、髪を大きく逆立てて忿怒相で人をにらみつけている。見かけは不動明王そっくりといっていい。また、日常生活の不浄を祓うという点は、フールの神様の魔物を撃退するという役割と合致している。なので、あるいは、烏枢沙摩明王が不動明王と混同されて沖縄に伝わり、その後、屋敷信仰に取りいれられたのかもしれない。

いずれにしても、明王の「明」は密教の真言のひとつで、呪法において的確に効果の上がる呪文のことをいう。つまりはマジナイと同義語で、明王はマジナイを駆使し、司《つかさど》る王ということになる。先にふれた豚の鳴き声もマジナイそのものだが、マジナイといえばこれすなわち中国の道教である。

内地では安倍晴明で有名な陰陽道や庚申《こうしん》信仰などが道教由来のものだが、本来の道教色は褪《あ》せてしまって宗教信仰としては定着せず、いまはすっかり日本化している。ところが沖縄の場合は道教の強い中国の福建省と古来、交流があったことから、生活のさまざまなところで道教色が強くにじみ出ている。

たとえば中国の道教では中元（お盆）の時にあの世の紙幣とされているウチカビを燃やす習慣があるが、沖縄においてはこれがそっくりそのまま受け継がれているし、魔除けのシーサーや石敢當《いしがんとう》も道教由来のものとされる。

つまり、沖縄は固有の信仰といいつつ、実のところ土俗の自然信仰や先祖崇拝に仏教や道教の一部が習合して成立しているのである。いいものは外からどんどん取りいれて独自のものにしていく沖縄のチャンプルー精神は、信仰という領域でも貪欲《どんよく》なまで発揮されているといっていい。

ちなみに烏枢沙摩明王は不浄を祓う目的の他に、風水上では金運や財運に御利益があるとされる仏でもある。どのような理由でそんな功徳が発揮されるのかは知らないが、沖縄の場合は不動明王がその代役をしていることになる。

僕の知り合いのなかにもフールの神様を商売繁盛の神として毎日熱心に拝んでいる人がいる。その人は料理屋を経営しているのだが、閑古鳥が鳴くとすぐに便所に飛び込み、御願《ウグワン》を立てるのだ。祈願するときの言葉は以下のような具合だ。

「サリ　アートゥートゥー　ウートゥートゥー（念仏のようなもの）

マサシュール　フールの神様（強き便所の神様よ）

お店にお客さんが入ってきますように。私もよい心でお客さんをお迎えしますので、どうぞこの御願をお通しください。

サリ　アートゥートゥー　ウートゥートゥー」

とまあ、たわいもない呪文なのだが、その霊験はといえば、「お祈りすると必ずお客様が入ってくれるんです。本当に頼りになる神様ですね」とアラタカすぎるというのだ。

一度、僕もその場面を見せてもらったが、「あらま、不思議！」なことにお祈りが終わった数分後に3人のお客さんが入店するのを目の当《ま》たりにしてしまった。主人は「ほらね」という具合にピースサインを僕に送ったが、本人は偶然という認識は毛頭なく、フールの神様の御利益を信じ切っている。そのため、厠《かわや》はいつもぴかぴかに磨きあげられている。

ま、便所をきれいにするとお金回りがよくなるというのはマーフィーの法則を始め、事業成功の鉄則になっているぐらいだから理解できないわけではない。

というわけで、金運アップをめざして僕も便所の前で正座して祈ったりするのだが、ウチのフールの神様は動きが鈍いらしい。天下の回り物はいつも僕を素通りばかりしているようで、湯水のように出て行く金のほうが圧倒的に多い。

そこでそのスジの人から助言をもらったところ、「便所は本来流すもの。お金が流れていく場合は流れるのを見ないように用を足したら便器に蓋《ふた》をすればいい」とのこと。見事な論理展開に当方いたく納得してしまったのだが、ともあれ、皆さんも騙《だま》されたと思って試してみてはいかがかな。なんせ、そのスジの人いわく、便所は最強の御利益スポットらしいですから。

線香

沖縄は禁忌が染《し》みついた島だ。手元に『沖縄の迷信大全集1041』（むぎ社刊・むぎ社編集部編著）という本があるが、この中にタブーにふれた章があって、妊婦のタブー、妊婦の夫のタブー、一般的なタブーの数を合計すると、なんと243項目もあった。

「妊婦は首にタオルをかけてはいけない。胎児の首にへその緒が巻きついてしまう」「元旦《がんたん》の朝、女性は外出してはいけない」「盆に髪を洗ってはいけない。白髪になる」「夜は猫を呼んではいけない。ゆうれいが出るから」「豚小屋で驚いてはいけない。必ず霊が抜けてしまう」「しゃもじやひしゃくの古くなったものを捨ててはいけない。白豚のゆうれいになる」等々、どういう根拠があってそうなるのか理解できないものばかりだが、こうも「～してはいけない」ばかり続くと、流し読みしているだけでも息苦しくなってくる。

なかにはこれをやったら「死ぬ」と断言しているのもあって、どういう禁忌かというと「自分の爪《つめ》を焼いてその臭《にお》いをかいではいけない」というもの。世の中には爪を切る人はいても、爪を焼く人はそうはいないはずだし、ましてや焼いた爪のにおいをかぐことを趣味にしている人がいればたいへん問題のある人生を送っていると思うのだが、とにもかくにも沖縄は日常生活の細部にわたって禁忌の多い島であることは間違いなさそうだ。

以前、生き霊が取り憑いていると霊能者にいわれたときも――といっても、まったく覚えがないし、自覚もなかったのだが――、霊をはずすからその夜は外出するな、お祓いのときに使う塩や酒は右手を使ってはいけないなどとアレコレと忠告されたのだが、除霊するときに用いる線香の使い方には頭を悩ました。

ひとくちに線香といっても沖縄で使用されているものは内地のものとはまったく形状が違う。６本の線香を平べったい板状に合体したもので、一片の長

６本御香のほか、組み合わせによりいろいろなヴァリエーションがある

さは14センチ、幅が2センチもある。その形状から平御香《ヒラウコー》と呼ばれているのだが、割れやすいように5つの筋が入っていて、一筋ずつ分けられるのが特徴。つまり、一片を縦半分に割ると3本御香が2つ、二筋ずつに分けると2本御香が3つになるという勘定で、早い話がこの数の組み合わせにきちんと決まり事があるというか、禁忌があるのだ。

内地にいるときは仏壇に立てる線香の本数など1本だろうが3本だろうが気にもしなかったが、沖縄の平御香には線香の本数そのものに御願に則した意味があって、本数を間違うとたいへんなことになってしまうらしいのだ。

その霊能者が御願用に指示してきたのは17本御香。この場合は3本御香を5つと2本御香を1つセットすればよいと教わったのだが、はっきりいって当時はこういうことにはまったく関心がなかった。

しかも、いかにも呪術めいた儀式なので、この線香をもって拝所に行きなさいといわれても、唯物論者《ゆいぶつ》の僕としては素直に受け入れることができなかった。なので、霊能者にはわるいとは思ったが、「生き霊が取り憑《つ》いていようが当方は関知せず!」という方針を貫き、ほったらかしにしていたのだった。

結果的にその判断は正しかったようだ。別のサーダカウマリ(=サーダカ生まれ。

霊的ステージの高い人の意）の人にあとからいわれて知ったのだけれど、御願の内容や拝む人の位によって、供える線香の本数も拝み方も異なるというのである。

たとえば、最も使用頻度の高い3本御香は盆、清明祭、日々の仏壇に供えるときなどに、また、7本御香は七宮七竜宮など七のつく神への祈願のときに、さらには十二支、十二方位、十二か月という意味が込められた12本御香は健康御願のときに使うといった具合。そのほか、用途別に9本御香、15本御香、17本御香、24本御香などもあるのだが、注意すべきは本数の多い御香で、「17本以上は素人《しろうと》がうかつに手を出すものではありませんから勝手にやらないように！」とのこと。憑きものをはずしたり、立てた御願を下げたりするときは、御願の内容が難しいので神人《カミンチュ》（神事を執り行えるクラスの人）でないと、線香を扱うこと自体危険なのだそうだ。

他にも御香の貸し借りは禁物、祈願することがたくさんあるからといって線香を過剰にあげすぎるのも御法度《ごはっと》なら、不足するのもよくないとか、それはもう禁忌だらけなのである。

しかも、である。17本御香の場合、僕は「3本御香5枚＋2本御香」と指示されたと書いたが、「平御香2枚（計12本）＋3本御香＋2本御香」という組み合わせ方もあるようで、これも拝む人や地域によって異なってくるから、その道をきわめたプロでないと何がどう正しいのか間違っているのかわからないという。

ではあのとき、もし僕が間違った本数の線香を供えていたらどうなっていたのか？

サーダカウマリの人はこう説明してくれた。

「神様に御願の内容が届かなかったでしょうね。ですから生き霊をはずしてほしいという願い事は叶《かな》わなかったでしょう。でも、それぐらいで済むならまだいいのです」

「というと？」

「別の生き霊がいくつも寄ってきたり、死霊が取り憑くおそれがあります。霊にも人間のようにそれぞれ性格がありますから、悪さをする霊がつくと危険ですね」

どういうふうに危険なのかと問うと、

「命取りになることもあります」

と、即答した。

おお、コワ！　心胆を寒からしめる話ではないか。ワタクシ、ふだんからこの手の話題は本気で聞かないようにしているが、供える線香の本数くらいのことで命のやり取りを覚悟しないといけないというなら話は別だ。

この場で白状すると、以来、ワタクシはこの土地の禁忌には抗《あらが》わないようにしている。

キジムナーとケンムン

日本の妖怪《ようかい》といえばワタクシなど、すぐにカッパが思い浮かぶのだが、風土や環境が内地と著しく異なっているせいか、沖縄にはカッパは存在しないようだ。ただし、似たのはいる。

キジムナーと呼ばれる子どものような背格好をした妖怪である。全身真っ赤で、髪の毛はパサパサにして茶髪ならぬ赤髪、顔も赤ら顔。ひと頃流行《はや》った渋谷系ガングロ女子高生に近いかもしれない。

しかし、コヤツはどうやらオスらしく、地域によっては大きな睾丸《こうがん》をぶらさげているのが特徴とか。また、腕はオランウータンのように長く、木の枝みたいに細くふしくれだっているとも。なにやら、やせぎすの老人を思わせるところがあるけれど、これでもやはり10歳ぐらいの子どもらしい。

興味深いのは……、

実はこのことがキジムナーを特徴づける要素になるのだが、漁師の船にいっしょに乗って魚をとるのを手伝ったり、農家の野良《のら》仕事の手伝いを買ってでたりするなど、人間の前にくったくなく姿を現して、人と積極的にご近所づきあいする点である。また、いかにも子どもっぽいのは人間と相撲をとりたがることで、負けると何度も勝負を挑んでくるとされる。

いうまでもなく、カッパも人間社会と接点をもつ妖怪にして、相撲が大好き。キジムナーが沖縄版のカッパといわれるのは、こうした性格も大きな理由になっているようだ。

といっても、キジムナーには頭のお皿や背中の甲羅がないので、風貌《ふうぼう》からいえば、カッパの系統とするにはやや無理があるように思える。

キジムナーに気に入られた家は栄える、逆に嫌われた家は滅びるという伝承もあることから、民俗学者の折口信夫《しのぶ》は座敷わらしの系統をくむものという見方をしているが、ともかくも、人間と深い関係をもつ妖怪であることは確かなようだ。

ガジュマルなどの古い大木に住んでいるので、「木の妖精」、「森の精霊」などと呼ばれたりもするのだが、その親しみやすいイメージから、いまでは観光みやげなどにキャラクター化されるほどのアイドル的存在に昇格している。

数年前に、このキジムナーを見つけるツアーなるものが開催されたことがあった。村おこし運動の目玉として企画されたもので、参加できるのはキジムナーがいると信じている人に限られ、また、キジムナーを発見しても大声を出してはならないという条件も設けられた。子供だましのような企画に思えるかもしれないが、当時は多くの参加者が集まり、地元紙にも大々的に報道されたものである。

いいかえれば、それほどまでに沖縄にはキジムナーが実在すると確信している人が多いという証《あか》しでもあるのだが、僕もこれまでに多くの人から目撃談を聞いている。

それらの話を総合すると、キジムナーの生息地は沖縄本島北部、東村《ひがしそん》、大宜味村《おおぎみそん》など、いわゆるヤンバル地区。背後に深い山を背負う村や、漁村に出没しているようだ。

なかには、キジムナーが住んでいた小屋もあったと証言する人もいたし、大勢のキジムナーがまるで運動会のように海岸でかけっこをしていた、あるいは、ある時期まで毎晩のようにかまどの火をかりにきたという人までいた。

伝承ではキジムナーはタコとおならが苦手で、魚の目玉を好むとされる。そしてその通り、キジムナーに漁を手伝ってもらうと船が魚であふれるほど魚がとれたけれど、どの魚も必ず片目がなかったという話を縷々《るる》と語る人もいたくらいだ。

ただし、どの目撃談も戦前もしくは昭和20年代のものばかりで、最近の目撃例はまるで聞かない。1975年前後に本部《もとぶ》半島を住みかにしていたキジムナーが大宜味村や東村に「集団疎開《そかい》」したという噂《うわさ》もあるが、その頃はちょうど海洋博ブームで大型リゾート開発があちこちで行われた時期でもある。森を住みかにしてきたキジムナーは住むところを追われたというわけだ。

ヤンバルはその後も林道建設や乱開発の影響で、みるみる森がはがされ、いまや、ヤンバルクイナをはじめ、多くの動物たちが希少種となってしまった。海もしかりで、公共工事を原因とする赤土による汚染で魚も減る一方となっている。

居場所を失い、好物の魚までとれないとなれば、キジムナーもまた「絶滅危惧《きぐ》種」とならざるをえない。目撃例を聞かないというのは、おそらくはこんなところに大きな原因があるに違いない。

このままではキジムナーがそのうち架空の存在になっていくのは必至といわねばならないが、同じ琉球弧《りゅうきゅうこ》に属する奄美《あまみ》の場合はいささか様相が異なっている。

奄美諸島にはケンムンが住んでいるといわれている。ケンムンとはキジムナーと類型のものとされる森の妖怪。性質や特徴がキジムナーと酷似している一方、奄美ガッパとも呼ばれ、内地のカッパにも似ているといわれる。

その容姿が『南島雑話』という書物に図入りで記されている。幕末の薩摩《さつま》藩士、名越左源太がお家騒動に連座して奄美大島に遠島を命じられた期間に著したもので、１８００年代半ばの奄美の実情をビジュアルで知ることのできる貴重な史料となっているが、そのなかにケンムンに関する記述を見出《みいだ》すことができる。

それによると、体毛が長く、頭に皿をいただいている様がはっきりとわかる。一見すればカッパのような印象を受けるが、顔は人間の子どものようでもある。人間の大人と仲良く手をつないで歩く姿を紹介していることから、キジムナーと同じく、人間社会と接点をもつ妖怪であることは一目瞭然《りょうぜん》で理解できる。

といっても、容姿や性質については諸説あるので、はっきりしたことはいえないのだが、口伝からその恰好《かっこう》を推察すると、全身真っ赤で、おかっぱの髪の毛はやはり赤毛。背丈は子どもぐらいで、いつも鼻をたらし、ヨダレをたらしていることもある。

また、座るときは膝《ひざ》を立て、頭を挟むようにする。そのため、奄美大島では膝を立てて座ることを「ケンムン座り」といって嫌うらしい。

ケンムン。『南島雑話２―幕末奄美民俗誌』（東洋文庫・平凡社刊）より

また、人間が悪さをしなければ敵対したり、危害を加えたりすることもないという。相撲が大好きで、人を見ると勝負を挑む。住むところはガジュマルなどの大木で、好物は魚の目。苦手なものはタコ、おならといった具合に、このあたりの特徴はキジムナーと酷似している。

しかし、ケンムンとキジムナーには決定的な違いがある。それは、ケンムンが伝承や迷信の世界ではなく、いまも目撃談が絶えない「生物」として存在し続けていることだ。

数年前、奄美大島の名瀬に出向いて聞き取り調査を行ったことがある。すると、「実在する」「見た人を知っている」「存在を否定できない」という人がぞろぞろいて、あまりの証言の多さにめんくらってしまった。

奄美博物館では「ケンムンマチ」を見たと証言する人までいた。ケンムンマチとはケンムンが発する火の玉のことで、伝承では雨の降る夜に山の尾根伝いに無数に火が灯るという。

その証言者は「ちょうどあの方向の山の中腹です」と、名瀬市内のすぐ裏手の山を指さして、

「揺らめいているような火ではなく、松明《たいまつ》ぐらいの火が右左とあちこちにものすごい

速さで動き回るんですね。すぐにケンムンの仕業だと思いました」

と、毅然《きぜん》としていってのけたものである。

誤解のないようにいっておくが、この人は博物館に勤務する学芸員で、いいかげんなことをいう立場の人ではない。この一事をとっても、いかにケンムンが島の人にとって身近な存在であるかが理解できるというものだが、その人が指さした山肌を見て、僕もなるほどと深々と納得した。

乱開発で自然がずたずたにされた沖縄本島と違って、奄美は山が深く、まだまだ豊かで健全な自然をいたるところで目にすることができる。とりわけ、島の南部は分け入っても、分け入っても山、山、山というべき密林地帯で、まさに島中、山だらけという地勢をなしている。

自然を住みかとする物《もの》の怪《け》たちが住むに困らない深山幽谷の世界がこの現代においてもしっかりと息づいているのだ。だとすれば、ケンムンが現実世界に生息する得体の知れない生き物として出没する要素はそこかしこにあるというものだ。

そのせいか、アイドル的なイメージの強いキジムナーと違って、ときに人間に害を為《な》す歴とした妖怪として、いまもどこか怖れられている部分もある。前述した奄美博物館では１９９０年頃にこんな事件があったと話す人がいた。

「ある老父が野良仕事に出たまま失踪《しっそう》しました。３日後、その老父はカマのような切り傷を体中につくり、畑の中でうずくまっていた状態で発見されたんです。老父はケンムンにやられたと証言しましたが、出血多量で手当のかいもなく亡《な》くなりました」

証言者が亡くなっているので真偽のほどは闇《やみ》の中だが、目撃例が絶えて久しい沖縄と違って、奄美ではアンビリバボーな生々しい事件がいまも発生していることになる。

ほかにも、車に轢断《れきだん》されたケンムンの死体が山道に転がっていたなどの証言が報告されたり、目撃談がたまに地元紙に掲載されたりするという話も伺ったが、奄美の郷土民俗の研究家である恵原義盛《えはらよしもり》は自らの不思議な体験を自著『奄美のケンモン』の中で語っている。

その話が『南島雑話の世界――名越左源太の見た幕末の奄美』（南日本新聞社刊・名越護著）に掲載されているので孫引きさせていただく。

――一九六六（昭和四十一）年一月二十九日午後二時半ごろ、恵原は名瀬市根瀬部の水源地近くで、水が流れるコモリ（渕《ふち》）のそばの石の上に子どもが座っているのを見つけた。山仕事をしている人の子どもだろうと、恵原は「そこでなにしているの」と声をかけた。すると、振り返った瞬間、子どもは「稲妻の速さ」で、左側の渓谷上の方に駆け飛んで消え失《う》せた。
こちら側を振り向いた一瞬に見たその顔は、髪は伸びてまゆを隠し、着物は文目もわからず、年のころ六、七歳ぐらいで顔は黒かった。集落に下りて心当たりを聞いたが、そんな子は集落にいない、という。この外、恵原は「奇妙というか不思議な、常識では割り切れない現象は数知れない」と書く――。

恵原はこれがケンムンであるとは述べていない。また、名越左源太が図で表現したカッパ様の生き物とも違っている。なにやら、かつての山間の漂泊民・サンカを思わせるような風貌ともいえるが、ともかくも、明らかに人間に近い姿をしているぶん、この目撃談はいっそうリアルに感じられるものがある。

この話を読んだとき、僕はすぐに奄美博物館で聞いたケンムンマチのことを思い出したのである。ケンムンが放つという火の玉のことである。

もし、その子どもらしきものが、深夜に松明のようなものをかざして山中で動き回るとすれば……、

尋常でない速度で動いたというあの火の玉と、「稲妻の速さ」で駆け飛ぶという恵原の証言はこの点で見事に一致するのではないか。

だからといって、ケンムンの正体が明らかになったわけではないけれど、あの山中には何か得体の知れないものがいる――、そう思わせるに十分なほど、奄美の山塊は依然として黒々とした深さを保ち続けていることだけはたしかである。

恵原は先のくだりに続けてこう結んでいる。

――（ケンモン）はもっと人間の生活の中に入り込んでいて、奄美という空間、広漠なる海に浮かぶ島の、存続と秩序を維持してきた要素の一つであったように思われます――。

第3章　ウートゥートゥー《なんまいだ～なんまいだ～》異次元空間

亀甲墓

口難口事《クチナンクチグトゥ》にご用心

「禍は口より出《い》ず」ということわざがあるが、沖縄にも似た言葉があって、これを「口難口事」という。相手からの妬《ねた》み、嫉妬《しっと》、怨《うら》みといった悪感情に根ざした言葉が我が身に入ることを意味し、もしこういう悪口を受けてしまうと体調を崩したり、気《き》鬱《うつ》になったり、仕事に身が入らなくなったり、やることなすことうまくいかなくなってしまうという。

知り合いの霊能者によると、僕はその口難口事を受けやすいタイプなのだそうだ。なにゆえそうなったかというと、どうやらモノカキという職業が原因しているらしい。モノカキは自分の意見や主張を世間に向けて発表することを生業にしているので、ただでさえ異論や反論をもつ人をこしらえやすい。なかには考え方が極端に異なる人もいるだろうし、書いた内容によっては目くじら立てて激昂《げっこう》する人だっているはず。しかも、この職業は好むと好まざるとにかかわらず目立つ職業でもある。なので、その書き手を好ましく思っていない人にはたいへん目障《めざわ》りな存在となる。ゆえに、世間の人よりはるかに多くの口難口事を受けやすい存在になっているというのである。

というとことはである。この職業は本が売れるほど反感を買う人も自動的に増えるわけだから、口難口事は増加の一途を辿《たど》ることになりやしないか。この素朴な疑問を霊能者にぶつけると、

「そうですよ。でも、ものは考えようで、口難口事が多いということはそれだけ読まれているということですから、人気のバロメーターでもあるのです。ま、一種の職業病ですから、もっともっと口難口事が増えるようがんばってください」

との激励のお言葉が返ってきた。ここで素直に「はい、がんばります！」と答えていいのかどうか頭を悩ましてしまったが、ついでにいっておくと、僕は死霊や生き霊も憑《つ》きやすいタイプらしく、つい先日も別の霊能者から死霊が４人憑いていると指摘されたばかりだ。

このようなことを書くと、気味悪がる人もいるだろうが、僕の場合はむしろ、「なるほど、どうりで重たいと思っていました。この頑固な肩こり体質の原因は霊が４人も肩に乗っかっているからですね」などと逆にツッコミたくなるくらいで、まるで気にならない。その手の存在に関しては、見たような気もする程度（39ページ参照）の

ことが一度あっただけで、死霊などはどんなに目をこらしても見えない人間だから、魑魅魍魎《ちみもうりょう》がどれだけ憑いていようが怯《おび》えようがないのである。

これについては霊能者も興味深いことをいっていて、「死霊や魔物はお祓《はら》いや浄《きよ》めのまじないなどをすれば退散するのでそれほどこわがらなくてもいい」のだそうだ。むしろこわいのは生身の人間の怨念《おんねん》や憎悪《ぞうお》の念で凝り固まった生き霊らしい。

いわれてみれば確かにその通りで、生きている人間の妬みや怨みを見たり聞いたりするほどいやなものはない。ましてや自分が呪詛《じゅそ》されるくらい深い怨みを買って、その情念がおのれの身に取り憑いていたとすれば、誰しも生きた心地がしないだろう。

生き霊といえば生きている人物の分身みたいなものをつい想像してしまうのだが、霊能者によれば口難口事も生き霊の一種だという。しかも、生き霊のなかでもいちばんやっかいな存在だそうで、場合によっては、人をあやめることができるくらい強烈な影響を相手に及ぼすという。

こうなると、口難口事が人気のバロメーターなどと喜んでいられなくなるが、内地の例をもちだすと、謡曲「鉄輪《かなわ》」で知られる丑《うし》の刻参りや、お家の跡継ぎ騒動につきものの呪詛調伏《ちょうぶく》の修法などが口難口事の類型にあてはまるのだそうだ。いわゆる呪殺である。

ただし、口難口事の場合はワラ人形や祈禱《きとう》も必要ない。ひたすら相手に対する止《や》むことのない罵詈《ばり》雑言《ぞうごん》と怨嗟《えんさ》の声を吐き続ければよいのだそうだ。そうすれば冒頭で述べた体調不良や気鬱などの症状が出始めるというのだが、怨みの念が強ければ強いほど相手の苦しみの度合いも強くなり、ひどい場合は死に至るのだという。相手に対して直接手をかけていないから、これは完全犯罪である。

なんだか、いよいよ背筋が寒くなる話になってきたけれど、それほどまでに粘着質で強い感情でひたすら怨まれれば、僕のような小心者はすぐに重篤《じゅうとく》な症状に陥ってしまいそうである。

事実、マイナスプラシーボ効果という現象がある。誰かある者が自分に恨みを抱いて呪《のろ》っていると認識することで自己暗示にかかり、呪われたと恐怖を感じるために体調を本当に崩すというものだ。そのセンに沿って考えると、丑の刻参りや呪詛調伏の修法などは心理学の分野で十分説明がつくと思うし、口難口事もその領域で解釈できるに違いない。

とはいうものの、言葉にはやはり霊的な力が宿るという考え方がある。口にする言葉が現実になるというものだ。いわゆる「言霊《ことだま》」で、自分であろうが相手であろうが良い言葉を口にするとその対象に良いことが起こり、悪口や不吉な言葉を口にすると悪いことが起こるという思想である。

呪術《じゅじゅつ》に霊的な効力があるのかどうかはわからないけれど、丑の刻参りや呪詛調伏の修法、あるいは口難口事も、霊的ステージで語れば言葉のもつ霊力を呪文として利用したものといっていい。はたして言葉はどれほどのサイキックなパワーをもっているのか。考えても推し量ることはできないが、沖縄の口難口事の場合は口にしたことが現実になるだけではすまないらしい。

どういうことかというと、悪口をいわれたり、悪感情を向けられたりした相手は禍《わざわい》を受けるものの、禍の原因が誰かの口難口事によるものであることに相手が気づいたとき、禍の矢は一転して悪感情を抱いた人に向けられるというのだ。しかも、その禍や苦しみは倍になって跳ね返ってくるという。

心の闇《やみ》に巣くう悪感情を「陰の気」とすれば、その陰の気の流れは回流しながらお互いを傷つけてしまうというわけだ。この次元までくると科学的な説明は不可能になるが、こういう仕組みを知ると、「病は気から」という表現も、なにやらガゼン整合性のある言葉のように思えてきたりもする。

ともかくも、原因不明の体調不良が続いたり、身の回りに不可解なことが頻発したりすれば口難口事を疑えと霊能者はいう。まずは気づくことが肝心というわけだ。

では、口難口事を祓いたいときはどうするのか。口難口事を発しているのが誰かわかれば、その人物が住んでいる方向を向いて、次のような御願《ウグワン》を立てるとよいのだそうだ。

「私に対するヤナ口（いやな言葉）は相手に返し、よい口にして戻してください」

ただし、このときは自分に口難口事を招くようなふるまいがなかったかどうか内省し、これからは自分もよい心で相手を迎えると意思表示することが大切だという。

そう、相手を慮《おもんぱか》る気持ちなくして諍《いさか》いは収まらないというわけだ。ま、とにもかくにもここまでの事態にならないよう、人を傷つけるような言動は厳に慎みたいものである。

家相

信心深い土地柄のせいか、沖縄は家相をたいへん気にする土地である。家を選ぶときの条件は利便性よりも、家相の善《よ》し悪《あ》しを最優先する人が圧倒的に多く、事実、家相見といわれる人たちも数多く存在する。

僕は家相や方角をあまり気にしなかった人間で、東京で暮らしていたときはその類《たぐ》いのことは一顧だにしなかった。が、沖縄で暮らし始めてからは、周囲の人たちがいろいろと気を揉《も》んで忠告してくれるので、やはりそれらの意見を無下にするわけにはいかなかった。現在の住居もこの人たちの判断を取り入れた上で住んでいる。

家相というと、一時期大ブームを巻き起こした風水を連想する人も多いだろう。しかし、沖縄の家相はそれとはずいぶん様相を異にしている。沖縄の場合も風水であることには違いないのだが、いわゆる運気や財運アップというより、たとえば、トイレの位置がわるいから偏頭痛を起こす、水回りをよくすると家人の病気が治るといった具合に、住んでいる人の健康や病気の因果関係を、家の造りの善し悪しで判断するケースが多い。

実は僕の友人、長嶺哲成《ながみねてつなり》氏も家相をよくしたことによって、難病疾患から奇跡的に生還した一人で、僕が家相というものを少し考えるようになったのも、彼のその不思議な体験を知ったことが大きなきっかけになっている。

彼はその体験談を自身の著書のなかで克明に語っている。

「僕の父は、夢の中で先祖の声を聞く。そして、その声に導かれ、人々のなやみを奇《き》蹟《せき》のように解決している――」

という一文で始まる長嶺氏の著書、『カミングヮ――家族を癒《いや》す沖縄の正しい家相』（ボーダーインク刊）は98年に発売されて以来、地元でいまなお版を重ね続けている不朽のベストセラーになっている。が、誤解のないようにいっておくと、彼自身はオカルトかぶれしているわけでも、霊能者でもない。

それどころか、

「僕自身は霊感がまったくなく、テレビでその類いの番組を見ていても、心のどこかで否定している普通の人間だ」

と、著書で述べているように、いわゆるスピリチュアルな人たちとは最も遠いところにいる人間で、この手のことを興味本位で書いたり話したりする人でないことについては太鼓判を押すことができる。

長嶺氏がこの本を記した理由は、

「父の話を聞いて家の造りを直したら、難病、奇病が治ったと多くの方々が証言してくださったから」

という一点に尽きる。

彼の父である長嶺伊佐雄氏については、謙虚を絵に描いたような人柄で、まず一級の人格者といっていい。

この点を前提にして話をすすめていくと、長嶺伊佐雄氏は心霊治療の施術者《せじゅつしゃ》ではないし、難病や奇病を治す能力をもっているわけでもない。病気の原因となっている問題点を家相から指摘し、助言をするだけである。

すなわち、人間の健康と家の造りは密接に関係していて、

「ちゃんとした造り方で家を建てればそこに住む人間は治癒《ちゆ》力や徳を高めるが、間違った造り方をした家に住めば精神的、肉体的に力を失っていく」

というのが伊佐雄氏のいわんとするところである。

伊佐雄氏はその正しい家の造り方を祖先が伝えてくれたと証言している。その数奇

な経緯については『カミングヮ』を読んでいただくとして、では、彼の息子、長嶺哲成氏になにが起きたというのか。

長嶺氏が「脳動静脈血管奇形」という病気に突然冒されたのは25歳のとき。この病気は脳の左後頭部にある視神経を司《つかさど》る部分が奇形の血管からあふれた血液で圧迫されるという奇病で、救急車で病院に運び込まれたときに伊佐雄氏は、

「息子さんは命が助かっても、体に麻痺《まひ》が残る可能性が高い。覚悟してください」

と、医師に宣告されている。

その前年、伊佐雄氏は先祖から、「家は人間の身体《からだ》を想定して造りなさい」と、夢のお告げがあったという。沖縄には古来、こうした家相を良しとする言い伝えがあって、家はちょうど人がひざを抱えて横になっているような構造にしないといけないとされていた。それに当てはめると床の間が頭、お腹《なか》が中の間、お尻《しり》がトイレや台所などの水回りになり、方角にすると「家は東か南に向ける」「台所やトイレは北西側」になる。

ところが、長嶺家の家はそういう造りではなかった。知ったからには自分の家もそのように造らなければならない。が、改築するにはお金がかかる。そこで先延ばしにしていた矢先、長男の哲成氏が頭蓋骨《ずがいこつ》を開ける大手術を2度も受ける重病を発症した

のであった。

「こうなった原因は家を直さなかったからだ」

伊佐雄氏は改築工事に取りかかった。息子の長嶺氏にとっては理解しがたい話だったが、はたして彼の症状は奇跡的な回復を見せ始める。あれだけの手術をしたというのに、２か月ほどで退院でき、視野も少しずつ広がっていった。そして、退院してひと月後には仕事に復帰、２か月後には車が運転できるまでになった。

伊佐雄氏は先祖に感謝した。こうして、難病や奇病で苦しんでいる人を助けることが自分の使命だと悟った伊佐雄氏は、正しい家の造り方を広めることに奔走する毎日を送り、現在に至っている。また、息子の哲成氏はその後も驚異的な回復力を見せ、いまは病気を完全に克服し健常者とまったく変わらない生活を送っている。

『カミングワ』にはこのほか、12の家族の証言集が掲載されている。台所を直しただけで7年も患《わずら》っていた皮膚病が一夜にして治った、引っ越すだけで心臓の痛みが消えた、原因不明の腹痛やめまいが改築したとたん治ったなど、いずれも世にも不思議な話ばかりである。

さて、どう思われただろうか。伊佐雄氏によれば、家の造りだけではなく、土地に汚水がたまっていたり、敷地内に豚小屋があったりなどして、土地が浄化されていなかったりするのもよくないという。

要するに家と敷地すべてを総合した上で家相の善し悪しを判断するわけだが、ではいったい何が障《さわ》るというのだろうか。この点、伊佐雄氏はとてもわかりやすく説明している。

かいつまんでいうと、病気で苦しんでいる人たちの住む家は家や屋敷の神様にご無礼な造り方をしていて、神や仏は居心地が悪くて宿れないのだそうだ。

理由は至極明瞭《めいりょう》で、家を東か南に向けてその方角に床の間を造ると、常に太陽光が入って、床の間の神様にとっても気持ちがいい。また、台所やトイレなどの水回りは、人の体に当てはめると、お尻の部分が北西になり、すなわち排泄物《はいせつぶつ》を出す場所に相当する。つまり、汚れたものを流すにふさわしい方角に台所やトイレを造れば家の神様も気持ちよく住めるというわけだ。

これとは逆に、太陽の光が入らないところに床の間を造ったり、人間の頭に相当する場所に台所やトイレを設置したりすると、神や仏も居心地が悪くなる。

これを「神御無礼」というそうだが、こうなると、家族に何らかの「知らせ」がくるという。「知らせ」とは最初は人が耐えられる程度の小さな出来事で、たとえば、間違った場所に水回りのものを造った場合は、「トイレで気分が悪くなる」「お風呂場《ふろば》でよく転ぶ」「家にいると落ち着かない」といったもの。これを放っておくと、徐々に大きな出来事に発展し、最悪の場合は生死にかかわるような事態を引き起こすらしい。

長嶺家の場合、改築前は家の真ん中にトイレと風呂場があったという。人間の身体にあてはめると体の中心に汚物を流す水回りがあったわけだ。神や仏がいたとしたら、確かに居心地がよくない家だったろう。

実は沖縄に移住したとき、長嶺家と同じように、家の真ん中あたりに風呂場があるアパートに住んでいたことがある。川のすぐ横手にあったせいか、湿気がひどく、敷いた布団《ふとん》が一晩でじめじめするようなアパートだった。風呂場にハエが発生したり、廊下や台所に紙魚《しみ》やアリが大量発生したりと、部屋の中にいたくなくなるほど居心地が悪かったが、ここで僕は首のヘルニアを発症させている。

のちに伊佐雄氏に図面でみてもらったところ、

「ちょうど人間の首から肩にかけての部分が風呂場になっているね」

と、即答され、なるほどと思ったものである。

その後、何度か引っ越しを繰り返したが、これを「知らせ」というのかどうか、ヘルニアが再発する住居は確かに首に当たる部分に水回りがあるような間取りになっていた。幽霊や霊魂といわれるものに懐疑的な僕が、家相に関してはできるだけ気をつけるようになったのは、こうした経緯があったからだ。

その幽霊についてだが、伊佐雄氏はこのように述べている。

「よく子どもが家で幽霊を見るのは、家の造りが家や屋敷の神様に御無礼になっていると祖先の霊が教えに来ているんだよって、（註・夢のお告げで）教えてもらった」

では、祖先の霊とか神様とはいったいどういう存在なのか。これについても、伊佐雄氏は夢の中で祖先から教えてもらったという。それによると、神様と仏はまったく別のもので、神様には実体がなく、仏よりももっと大きな存在で、自然そのものが神様なのだそうだ。

また、人間は死んで何百年たっても仏のまま変わることなく、死んだ人間が人を崇《たた》ったり、人に何かを教えようと病気にしたり、苦しめたりすることもできない。それができるのは神様だけなのだという。

日本古来の信仰でも「神は祟る」とよくいうが、このあたりの考え方は沖縄も似ているといっていいだろう。日本の古代神道《しんとう》の場合、神は「けがれ」に反応することによって「祟り」という現象が発生する。したがって、神道でいうお祓いは祟りを祓う行為ということになるが、つまるところ、それは「けがれ」を祓い、神を「崇《あが》める」ことを目的にしていることになる。

長嶺家の祖先も同様のことを伊佐雄氏に伝えているようだ。要約すると、祖先（＝仏）は、どんなにしても神様にはなれず、死んでお墓に入っても、その土地の神様にお世話になっている。だからこそ、生きているものはまずは土地や自然の神様を崇めて、けがれているものを祓わねばならない。原因不明の難病にかかっている人は何らかのかたちで土地を汚《けが》して神様の怒りを買っているケースが多い――。

これを信じるかどうかは別として、人が土地とどのように関わるべきなのかをはっきりと示している点はまことに興味深い。すなわち、人はその土地に住まわせてもらっている。それゆえ、土地の神様に感謝の気持ちを忘れてはいけないし、その上に家を建てるときは、土地の神様や祖先が居心地のいい家相にする。実にわかりやすい理屈ではないか。

内地でも家相のよくない建物を「普請《ふしん》負け」といったりする。商売がうまくいかない、家族やスタッフが病気がちになる、自殺者がでる、などがそれだ。また、不思議なことにどんなテナントが入っても長続きしない建物があるけれど、それも「普請負け」のひとつに入るのかもしれない。

沖縄はそういう考えがより濃厚に根付いている土地というべきなのか、新築や引っ越しのときのみならず、折々に、家や土地の拝みをしている人をよく見かける。それほどまでに信心深い人たちが多いわけだが、このことは逆の見方をすれば、祟られている人がごまんといる証《あか》しといえなくもない。なにしろ、僕が知っているかぎりでも、そうとしか思えない家や店がこの島には数多く存在するのだから……。

というわけで、長嶺伊佐雄氏が祖先の霊から夢のお告げで教えてもらったよい家相をまとめると以下のようになる。

＊土地はいつもきれいに清める。あるいは浄める
＊家は太陽光が入る東向き、もしくは南向きに造る
＊トイレ、台所、風呂場などの水回りは北西に小さくまとめる
＊床の間は東か南に向けて明るくする（頭がよく回転し、仕事にも大きな影響がでる）

一方、わるい家相の家では、
＊赤ちゃんの夜泣きが何日も続く
＊生理痛がひどい
＊原因不明の病気が頻発する

＊鬱《うつ》傾向の家族がでやすい

といった症状がでるらしい。

さて、あなたの住居は該当してはいないか。ほかにも、いくつかの条件があるが、詳しいことを知りたい人はぜひ『カミングヮ』を読んでいただきたい。

東向きの家の場合

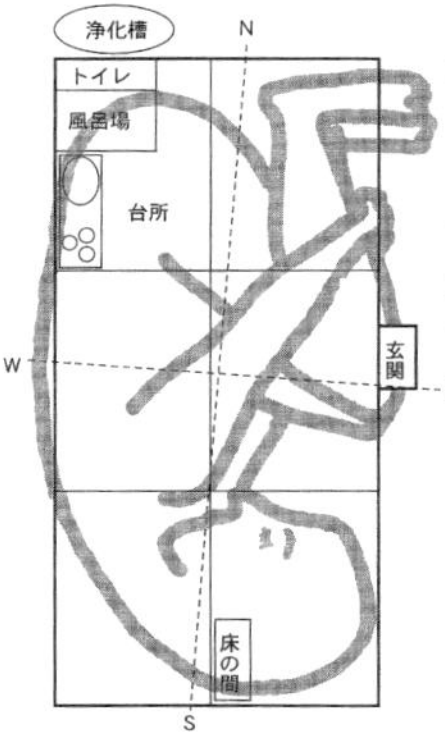

南向きの家の場合

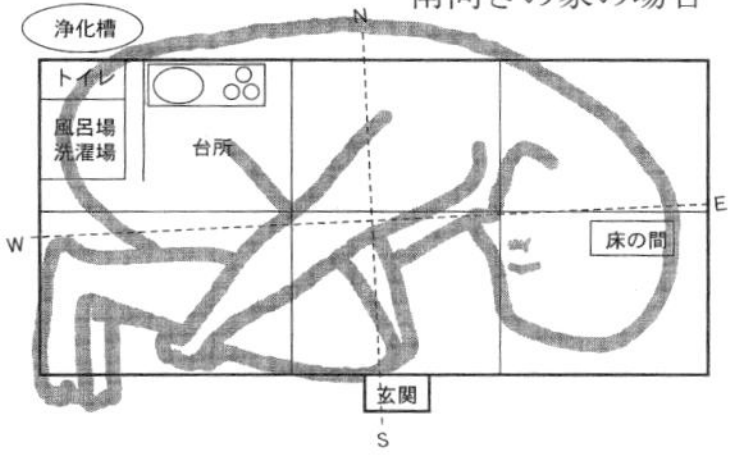

床の間を家の頭と考え、常に太陽の光が入る東か南に向けて造ると、お尻の部分（トイレなどの水物）は、北西の位置になる（『カミングヮ』より）

海

世界屈指の美しい海に囲まれた沖縄の島々。いまや日本を代表するリゾート地にしてマリンスポーツのメッカとなっているが、実のところ、海で泳いでいる人の大半は内地の人である。沖縄の人はあまり泳がない。もっといえば、ダイビングに興じる地元の人はもっと少ない。というか、あらためていま思い浮かべたのだが、僕の周囲のウチナーンチュにダイビングをする人は一人としていない。

なぜそうなったか。諸説あるうちで、もっとも信憑性《しんぴょうせい》の高いものは「泳がない」というより「泳げない」という説。かつてダムが少なかった頃の沖縄は夏は水不足に陥りやすく、学校にプールなんてとんでもない話だった。なので、カナヅチが多く、泳がなくなったというもの。周囲に聞いてみると、このことはほぼ事実で、全国の都道府県で泳げない人の割合が多い地域は沖縄と北海道なのだそうだ。

が、それでも疑問は残る。沖縄はいたるところ目の前にプールがわりになるような遠浅の海があるではないか。

でも、泳げない多くの沖縄の人たちはこう語るのだ。

「海にはニライカナイという神様の暮らす場所があるから泳ぐものではない」

むろん、彼らがそのことを現実として信じているわけではない。地獄や極楽と同じで、親やお年寄りからの口伝を信仰上の戒めとして遵守《じゅんしゅ》していると思ってもらえばいい。

ニライカナイとは海の彼方《かなた》にある神々の住む異界のこと。さまざまな解釈があるが、ニライカナイの来訪神が人々に豊穣《ほうじょう》をもたらし、生まれる者の魂もニライカナイより来て、死者の魂もニライカナイに帰ると考えられている。古代日本で信仰された海の彼方にあるとされる理想郷、常世《とこよ》の国《くに》と似た概念で、熊野《くまの》那智《なち》地方に伝わる南方海上の観音浄土、「補陀洛《ふだらく》浄土」の信仰とも酷似している。

異なっているのは常世の国や補陀洛浄土という考え方が内地ではとうの昔に信仰価値を失い、言葉も死語化してしまっているのに対し、沖縄ではニライカナイという異界の概念が土地の信仰観に深く根ざしながら生き生きと残り、日常用語としていまの時代にも連綿と伝わっている点だ。つまり、沖縄の人にとっては海そのものが信仰の対象であり、魂が行き交う道なのである。

とすれば、そんな神聖なところを泳いだりするものではない、とする沖縄の人たちのいいぶんはよく理解できるし、時代を経ても泳がない人口が多い理由もそこに求めてよいかと思える。実際、沖縄の人たちの信仰と海の関係はひじょうに深い。

たとえば冠婚葬祭などを執り行うときもそう。沖縄では結婚式や引っ越しなどのめでたい行事のときは満ち潮を選び、マブイグミ、怨霊《おんりょう》をはずすときなどは引き潮の時間帯を選ぶというのが鉄則になっている。いいことやめでたいことは満ちる潮の波のようにどんどん押し寄せてほしいし、逆に、災いや苦難からのがれたいときは引き潮にのって彼方まで押し流してほしいという考え方による。まことにわかりやすい理由だ。

また、ウチナーンチュが絶対に海に入らない日もある。旧暦の7月13日、14日、15日がそれ。旧盆の3日間である。この日、ビーチで泳いでいる人は100パーセントが観光客であると断言していい。なぜか。

旧盆はご先祖様の魂がそれぞれの家に戻ってくる日。ニライカナイ信仰にもとづけば、亡《な》くなったご先祖様は海の彼方のあの世から今生の世界にやってくる。しかし、やってくるのははたしてご先祖様だけですか？　とそのスジに詳しい人はいうのである。

「旧盆には成仏《じょうぶつ》した魂はもちろん、成仏していない魂も当然やってきます。あるいは悪霊や怨霊、人にわるさをする霊魂がほら……、海の中にうようよしているのですよ。そんな日に海に入ろうものなら……」

「どうなります？」という質問は不要であろう。

何物かに突然足首をつかまれ、海の中にひきずりこまれた、とまことしやかに囁《ささや》かれている噂《うわさ》や都市伝説を僕も何度も耳にしている。その真偽のほどは知らない。

ただし、この無神論者も郷に入れば郷に従うくらいの常識はもっている。なんせ、ただでさえ泳がないウチナーンチュがこの日だけは絶対にやめとけというんだもん。

それでもあなたは泳ぎますか？

御嶽《ウタキ》

ある年の12月の夜、僕は内金城嶽《うちかなぐしくウタキ》に続く坂道を歩いていた。内金城嶽は民芸運動の父・柳宗悦《やなぎむねよし》をして「日本で最も美しい道」と言わしめた古都首里の面影を残す金城町の石畳の脇道《わきみち》を入ったところにある。

敷地内には国の天然記念物にも指定されている樹齢２００年から３００年の大アカギ群や南方特有のシダ類が密生している。昼なお暗い原始の気配を濃厚に残した森で、ここは樹木の息吹《いぶき》ですらただごとではない。

が、僕が歩いている道は地元の人しか知らない裏道である。金城町の石畳とは内金城嶽を挟んで正反対の道で、畑の間道を分け入るようにして入っていく。距離は数十メートルにしかすぎないが地元の人でも夜はめったなことでは歩かない。

鬱蒼《うっそう》としげる草木に潜むハブをおそれているからだけではなかろう。この裏道は民家から漏れる明かりすら届かない道だからだ。さらには、畑を抜けたところから続く木々のトンネルのような急坂はむき出しの岩の道が続く。足場も悪いが、ここで道はいっそう暗くなる。月夜であっても頭上に生い茂る木の葉に光が遮られ、突然、目隠しをされたように漆黒の闇《やみ》に閉ざされてしまうのだ。

それはもう、気味悪いったら気味悪い！　しかも、これを過ぎると内金城嶽の敷地内に入る。内金城嶽は首里を代表する御嶽の一つで、御嶽とは神々が降臨するといわれる聖域のことである。つまりは大昔から人々が畏怖《いふ》してきたとても神聖な場所なのだ。

神聖な場所ほど近寄りがたい空気が渦巻いているところはない。なにやら、不遜《ふそん》なヤカラから神々を護《まも》るがごとく、得体のしれぬ物《もの》の怪《け》のたぐいがいまにも食らいついてきそうな雰囲気がムンムンなのだ。しかし、物の怪もコワイけれど神様だってコワイ。だってそうでしょうが。目の前でいきなり神々《こうごう》しい光に包まれて神様が降臨されてみなさい。

「嗚呼《ああ》ありがたや、ありがたや」などと即座に合掌できる人は大変問題ある人生を送っている人だと思う。どんなに信心深い人であろうが、そんなものを目の当《ま》たりにすれば、誰だって「ぎゃっ！」と叫んで逃げ出すか、その場で卒倒するにきまっているからだ。

神様は姿形が見えないという前提があるからこそ拝めるわけで、実物の神様がワッと目の当たりに現れ出《い》でたらこれはもうシャレにならない。くどくどと長い前置きになってしまったが、つまりはそういうコワイコワイ道を僕はわざわざ夜更《よふ》けに歩いていたのである。

なぜかというと、内金城嶽の敷地を抜けたところに知り合いの家があって、その家の宴会に呼ばれたからである。表参道に当たる金城町の石畳からの道はタクシーも入れない。そこで、知り合いに呼ばれるたびに僕は近道となるこの裏道を利用してきたのであった。したがって、今回は何度目かのコワイコワイ道ということになるのだが、実のところここを歩くたびにうしろめたい気持ちがあった。

御嶽の中にはめったやたらに入るものではないといわれてきたからだ。御嶽とは前述した通り、概念的には内地でいう「産土神《うぶすながみ》」（その土地と人々を守護する神様）を祀《まつ》る神社に似ているのだが、神社が伏見稲荷《いなり》大社、出雲《いずも》大社、熊野権現《ごんげん》、宇佐神宮などの総本社から勧請《かんじょう》（本社の祭神を他の神社に移して鎮祭すること）されて成立しているのに対し、沖縄の御嶽はそれよりもっと原始的な存在で、その土地の自然をそのまま神として祀っている。

したがって崇拝されている対象は老木、原生林、井戸、泉、自然の石や岩などが圧倒的に多く、これらに神が降臨したり宿っていたりするとされている。要するに、沖縄は日本上代の原始神道やアイヌの自然崇拝がそのまま残った土地といっていい。

内金城嶽も例にもれず、アカギが神木となっていて、石で囲われた木の根元には3個の石が立てられている。石もご神体ならアカギもご神体とされ、あたり一帯が神聖な霊域としてあがめ奉《たてまつ》られているのだ。

古代の人々の概念では神は自然そのものだった。ふだんは静かに恵みを与えてくれる自然も、一方で、人に地震や干ばつ、洪水など天災や疫病《えきびょう》をもたらすことがある。荒ぶる神、疫神《えきじん》という言葉があるように、神は時として荒れ狂って人に災いを与える。そのため、人は神を畏《おそ》れた。

京都の祇園祭《ぎおんまつり》の起源もそれである。鴨川《かもがわ》が氾濫《はんらん》するたびに疫病が発生するので、疫神を鎮《しず》めるために祭りを行事化したのが始まりとされる。つまり、神は人々にバチを与え、崇る存在だったというわけだ。

そのあたりの事情は沖縄も同じ。御嶽はあくまでも神事や御願《ウグワン》を通すときに入るのが鉄則で、そのさいも自分の身元をきちんと明かしてから拝みごとをするのが守るべき手順のひとつ。また、用事がないときに御嶽の前を通るときも一礼をするのが大事なマナーとされていて、禁忌になっている行為がことのほか多いのだ。

ところが、御嶽は内金城嶽のように、自然にとけ込むかたちで信仰の対象になっていたりすることがあるので、観光客などは知らず知らずのうちに霊域内に入り込んでいることがよくある。そうなるとどうなるか。

頭痛、嘔吐《おうと》、悪寒《おかん》、放心状態といった体の変調を訴えるというのである。知り合いの中に御嶽と知らずに聖域に入り込み、一晩、寝込むほどの熱を出したというものもいる。

とまあ、そういうわけで、用事がないのに御嶽に入るのもいけないとされているのだ。ましてや僕の場合、近所に酒を飲みに行くための近道として御嶽内に足を踏み入れているので、動機もいよいよ不純といっていい。うしろめたくなるのも当然であろう。

しかもである。ここの御嶽には説明板に以下のようなことが書かれているのだ。

「琉球《りゅうきゅう》国由来記・等々の史書によると３４０年前、豊かな森だったこの辺りを村人が通る度に霊気に打たれるので、これはただ事ではないと時の王府に願い出て拝所を置き、神々と王府との交流の場となる。王府解体後は個人信仰にゆだねられている」

霊気とは具体的にどんなものかわからないけれど、いかにも……な感じがするではないか。

さて、道は畑を抜けていよいよ頭上に草木が生い茂る闇の急坂となる。と、暗闇の

中に足を一歩踏み入れたそのとき……、

地面に転々といくつもの光が明滅し、前方数メートル先をボォーッと小さな光の玉が通りすぎていくではないか。

（げっ、火の玉！）

唯物論者《ゆいぶつ》がついに認めてはいけないものを見てしまった瞬間である。とっさに坂を飛び越え、御嶽には一礼もせず、ダッシュで友人宅に駆け込んだ。

かくかくしかじかと怪しい光のことを説明すると友人はつぶやくようにいった。

「そうか、……あんたも見たか」

「見た、見た！」

「あそこは冬でも見られるんだよ」

「は？」

友人の解説によると光の正体はなんとホタルなのだと。ホタルといえば夏のイメージがあるけれど、沖縄で生息しているホタルのうち数種類は場所によっては年中見ることができるらしい。地面で光っていたのは「陸生」のホタルの幼虫で、幼虫は下枝や草上にもはい上がって光りながら活動しているのだそうだ。

というわけで、話を聞いてみるとなんのことはなかったのだが、いいかえれば、この御嶽はホタルが生息できるほど豊かな自然が息づいているというわけだ。

ま、それはさておき、御嶽に足を踏み入れると頭痛、嘔吐、悪寒、放心状態を起こす人が本当にいるのかという問題だが、これについては実際に目撃したので事実と申し上げるほかない。この内金城嶽でも頭痛に見舞われた人を知っているが、「久場川《くばがわ》井《かー》」という御嶽では御願を立てにきたユタが突如、劇薬を飲んだかのような苦悶《くもん》した顔を見せて嘔吐した。

ユタがいうには土地の神様が祀られていたのに、沖縄戦で亡くなった日本兵の仏様がいっしょに合祀《ごうし》されているのがよくないとのこと。神様が戸惑っているので、なんとかしてほしいとユタに訴えたのだという。いわゆる神仏混淆《こんこう》は沖縄では御法度《ごはっと》らしい。

その日は10名ほどの友人たちと御嶽巡りに同行したのだが、その後も頭痛、眼痛を訴えるものが続出した。こんな体験をしたのはみんな初めてのこと。しかも、超常現象を信じていないものが、放心状態的な症状を発生させたので、このときは全員がちょっとしたパニック状態に陥った。

医学的には集団心理による不安症状で説明がつくのかもしれないが、沖縄の人たちはそうはいわない。こういう人ほどサーダカウマリなのだという。ただし、こうした霊障も霊がたたったのではなく、それぞれに何ごとかのメッセージを送っているのだという。

体の変調はユタがお祓《はら》いしたとたん収まったが、みんな夢から覚めたような感じで何が起こったのか、キョトンとしていたのが印象的だった。というわけで、自分に霊感があるかどうか知りたければ御嶽に足を運べばよい。ただし、動機は十分に不純であるから覚悟されて行かれたし。

さて、僕自身の経験でいうと、どんな御嶽に入り込んでも体の変調を起こしたことがない。よってどうやら霊感ゼロ人間らしい。まあ、目にしてはいけないものが見えるようなことはできるだけ体験したくないので、霊感などなくてもけっこうというのが、正直な気持ちです。

墓の中

若い頃は死んだらどこに行くのだろうかと真剣に考えたし、いつかは訪れるであろう死を大いに怖《おそ》れたものである。極楽と地獄を強く意識していたからで、もしそんな世界があれば地獄行きは免れないと確信していた。

むろん、こんなことは多かれ少なかれ誰しも考えることで、人は死を怖れる。地獄を意識しなくても、死後の世界が不透明である以上、死の向こう側のことを考えると不安に苛《さいな》まれるものだ。

ところがである。少し大げさないい方になってしまうけれど、沖縄の人たちは「死」というものをそれほど怖れていないような気がするのである。もっといえば、お迎えがやってきても、ちょいとそこまで出かけてくるぐらいに思っているというか、死を受け入れるということに対してじたばたしない気分が垣間見《かいまみ》えるのだ。

僕自身は死ねば「空」に帰す、すべては「無」になるという釈迦《しゃか》の仏教思想に出合えたので地獄は意識しなくなり、死に対して開き直る心を持ちうるようになれた。沖縄はその仏教が定着しなかった土地にもかかわらず、なにゆえ死を怖れない風土を築き上げることができたのか。沖縄の人たちの他界観は大きく分けて2つある。一つがニライカナイといわれる海の彼方の理想郷で神の住む世界、もう一つがグソー（後生）とよばれる一般の人たちが暮らす死後の世界だ。両方に行くという考え方もあるが、ニライカナイやグソーには地獄という概念はなく、ましてやそこで神様に裁かれるという考え方もない。

その象徴になっているのがお墓だ。沖縄の人は死ぬとお墓で暮らすと信じていて、いわばお墓をあの世のマイホームのような感覚でとらえているのだ。

それゆえ、形状も内地の墓とは似ても似つかぬ格好をしている。正面奥の骨壺《こつつぼ》が安置されている石室の屋根は巨大な亀《かめ》の甲羅のようにゆるやかに盛り上がり、その甲羅からは両サイドに塀が伸び、石室の前面には十数人がいっぺんに座れるほどの広場が設けられている。

この形が何を象徴しているかというと、ズバリ、女体である。それも股《また》を広げて寝そべっている姿である。石室の真ん前に立てばすぐに理解できるが、盛り上がっている石室部分は下腹部、石室の中央に穿《うが》たれた墓穴が女性のアソコである。一般にこういうお墓を亀甲墓《かめこうばか》と呼んでいるが、なにゆえこんな形をしているかというと、人は産道を通って生まれ落ちてくるが、死ねばまたその産道を通って、子宮の中に帰ると考えられているからだ。いわゆる母胎回帰思想である。

お墓というとわれわれ内地出身者は薄気味悪い感じがするが、沖縄では母の胎内に戻ると信じられているため、お墓そのものに親しみを感じている人が少なくない。

しかもこのマイホームは大家族制を基本としているため、門中墓ともよばれている。門中とは血縁関係でつながっている一族のこと。したがって、あの世にいくものは一族郎党みんなこの本家のお墓に入ることがならわしとなっている。当然、それなりの規模が必要になってくるのだが、その通り、沖縄の墓はばかでかい。平均して10坪から15坪はあり、10メートル以上の奥行きをもつ墓もざらにある。ちなみに沖縄でいちばん大きいとされる糸満市の幸地腹《こうちばら》門中の墓はなんと2500人以上の遺骨が納骨されている。

とまあ、これだけ大きいと見栄《みば》えも立派でかつ形もユニークだし、なにより大家族が一堂に会して暮らしているとなれば、悲愴感というものが片鱗《へんりん》もない。

ついでながら、沖縄はお墓参りのスタイルまで内地とはまるで違っている。旧暦1月16日は「ジュールクニチ」という「あの世の正月」を祝う行事があり、また、旧暦

３月の清明の節には「清明祭」が催される。こういう行事がなんと墓前で団体の宴会形式によって開かれるのだ。具体的にいうと、この日は豚肉料理や煮しめなどの重箱料理やオードブル、果物、ビール、泡盛を墓前に持ち込んで酒池肉林の宴会を繰り広げるのだ。石室の前面がいっぺんに十数人ほど座れるほどの広場になっているのはそのため。いわばお墓参りに名を借りたピクニックである。

むろん、あくまで供養《くよう》を大義名分としているから、亡《な》くなったご先祖様とともに飲食しているという設定になっているのだが、その実、歌・踊り・三線《さんしん》つきの宴会だから、これはもうお花見のノリといっても過言ではない。

さらに先祖供養のときは亡くなった人にあの世の通貨を与える儀式まである。どういうことかというと、死後の世界には関所があるらしく、そこでは税金を支払わなければならないとされているのだ。加えて、先祖代々の霊が暮らすとなれば生活費も必要だし、小遣い銭も必要になる。というわけで、沖縄では死者があの世でお金に困らないように「ウチカビ」と呼ばれる紙幣状の紙に銭形の押印《おういん》が入った紙銭を燃やす習慣まであるのだ。

というように、沖縄の人たちが信じているグソーの世界は現実世界と同じような生活臭がプンプン匂《にお》う。沖縄の人たちが「死」をあまり怖れていないのは、おそらくはあの世に対する考え方がこのようなアットホームな死生観に支えられているからだろう。

2年ほど前のことになるが、納骨式があって母方のお墓の中に入ったことがある。前述した女体の子宮に当たる部分の石室に遺骨を納める儀式で、墓穴を開けるのは40年ぶりということだった。

沖縄の人にとってお墓は怖れる存在でないかもしれないが、内地育ちの僕にとってはあまり気持ちのいいところではない。だってそうでしょうが。大家族で暮らしているのはけっこうなことだが、石室に入ったとたん、「ワーワー、キャッキャッ」と、にぎやかな声がしたら困る話だし、「おお、あんたが嫡子《ちゃくし》の清司か。ご苦労さん、さあ、ここに」などという声が聞こえようものなら、僕はこれまで築き上げた人生観や宗教観をすべて覆《くつがえ》さなければならない。

40年ぶりに開けられた石室は蜘蛛《くも》の巣だらけで、さいわいなことに何も聞こえてこなかった。中の広さは六畳間ほど。懐中電灯を奥に向けると正面右の内壁には「本墓築造ハ次男新垣登同次男系の上座也」とノミで彫られた文言が刻字されていて、その下に大小合わせて十数個の厨子《ずし》瓶と呼ばれる甕《かめ》が安置されていた。このなかにご先祖様の遺骨が入っているのだが、なかにはふたが割れて骨が見えている甕もあった。誰も入ったはずのない石室なのになぜ甕が割れているのか、ふと、気になったがこういう場合はあまり深く考えないほうがいい。ほとんどが戦前の遺骨で、一番古いものでも幕末期の琉球王朝時代の遺骨もあった。

沖縄が火葬になったのは戦後のことで、それまでは洞窟《どうくつ》や林のなかで風葬にしたり、墓の中ではシルヒラシといって、遺骸《いがい》をそのまま3〜7年間安置して白骨化させたりするのが習慣になっていた。したがって、目《ま》の当たりにしている骨は自然に朽ちた骨ということになる。シルヒラシされた遺骸は肉質が土化したり繊維質になったりして骨にこびりついているので、一定の年月が来ると親類縁者の手によって水と酒できれいに洗骨される。おどろおどろしい儀式だが、死者はこうした手順をふんで甕に納め直されたのである。

この点、死ねば無に帰すから墓も遺骨も不要とされる釈迦の思想とはまるで異なっている。沖縄の人たちは人が亡くなったあとも肉が朽ち果てるまで何年も弔い続け、あげくは骨を手にとって慈《いつく》しみながら再度埋葬することを儀式にまで昇華させたのである。死後、墓の中で新しい人生が始まるという母胎回帰の思想は、おそらくはこうした風習が背景にあったからこそ生まれたのだろう。

納骨の儀式は凜《りん》として清らかだった。石室は湖の底のように静まりかえり、生活臭などが感じ取れるような場でもなかった。見えない世界を云々《うんぬん》しても始まらないが、あの空間がグソーとも思えなかったし、ましてや先祖代々の霊が暮らしている雰囲気も感じ取れなかった。

ドライないい方をすれば、あの中に存在していたのは、何代にもわたって連綿と死者を弔いつづけてきた生者の敬虔《けいけん》な気持ちと物体としての骨だけであった。それだけでも十分気高い場所だったし、それ以上何も求める必要がないと思うのだが、沖縄の人たちはそこで済まそうとは考えないのである。

供養を怠ったり、供養が足りなかったりすると生きている子孫にバチが当たるというのである。そのバチを沖縄では文字通り、「御願《ウグワン》不足」と呼んでいる。

理屈はこうだ。前述したように、グソーでは死者も納税義務があって、供養するたびにウチカビを燃やして税金をあの世に送金する必要があるのだが、供養が足りないと税金が滞るおそれがある。それればかりか、生活費に窮してご先祖様が苦しい思いをする。あるいは、子孫の願い事を叶《かな》えようと奔走しているのに、供養が足りないためにできることもできなくなる。こうなるとご先祖様はあの手この手で家族に何らかの「知らせ」を伝えようとする。

その知らせは突然のアクシデント、もめごと、金銭トラブル、けが、病気といったように、子孫にとってはつらいかたちで現れることが多い。先日も知人の子どもが楽勝で合格すると思っていた志望校の受験に失敗したという話を聞いたばかりだが、こういう現象もその人いわく、学力不足ではなく御願不足なのだそうだ。

つまりは、その御願不足はあの世の通貨であるウチカビの残高不足や、供養の内容の不備や回数不足というわけ。沖縄の信仰は「商売が成功しますように」「お金を儲《もう》けさせてください」といった具合に現世《げんせ》利益《りやく》を求める傾向がひじょうに強いのが特徴だが、なんのことはない、あの世の人々も同じような「利益」を今生の人に求めていることになる。いいかえれば、沖縄社会におけるあの世とこの世の連続性や一体感は、先祖に対する感謝の気持ちプラス相互の利害関係で培《つちか》われたとも解釈できるのだ。

ウチカビは本来、中国起源の呪術の道具であるから、沖縄の信仰は土俗の信仰に呪力を信じる中国の道教が習合したと考えられているのだが、だとすれば、「知らせ」などという呪術性の強い考え方が沖縄に根付いたのもわからないではない。

それにしても、供養が足りないから先祖が障《さわ》るというのはアットホームなグソーには似つかわしくないコワイ話だし、どう考えても信じがたい。僕もいずれは先祖の一人になるわけだが、もし自分が霊的存在になったとしても、かわいい子や孫を痛めつけたり、つらい思いやコワイ思いをさせたりしてまで「お知らせ」するとは考えられないからだ。おそらくすべての人が僕と同じようなことを思っているのではあるまいか。

なので、個人的には霊界の存在など認めたくないのだが、あるユタにいわせると、霊界を否定し、信仰をあざける無神論者や唯物論者は、物欲やこの世への執着が強く、そもそもが御願不足だから死んでも死そのものを理解できないそうだ。それゆえ成仏《じょうぶつ》できずに迷ってこの世に現れ、子孫に「知らせ」として障害を与える存在になるらしい。

なんと、そのスジの人からみれば僕のような考えをもっている人間こそが子孫に祟《たた》るというのである。ここまでいわれたら死後自分はどうなるのか何がなんでも知りたくなってくるが、そうなると今生の人に「お知らせ」したくなるのが人情。やはり僕は迷って出てしまうのだろうか。となると、確かに子孫にコワイ思いをさせてしまうことになる。むむむ……。

第4章　激戦地・沖縄の怖〜い戦跡スポット

旧沖縄陸軍病院・南風原壕20号。ひめゆり学徒が看護補助要員として動員された壕として知られ、一般公開されている（南風原町文化財指定）。

豊見城《とみぐすく》海軍司令部壕

「夜はみんな、杖《つえ》を持って歩いた。死体を踏まないためだった」

心霊スポッターがいろめきたつようなコピーだが、なにも脅すつもりで書いたのではない。沖縄戦において海軍沖縄方面根拠地隊の司令部として使用された地下壕、「旧海軍司令部壕」で配布されているパンフレットに印刷された一文である。

そう、このような忌《い》まわしい戦場跡が当時に近い状態で復元されているのだ。

場所は豊見城市の住宅街、宇栄原《うえばる》団地のそばで、戦時中は七四高地と呼ばれていた。高地の名が示すように那覇市から豊見城市にまたがる高台の地下に掘られた壕である。

着工されたのは1944年（昭和19年）8月。日本軍の敗色が濃厚となり、米軍の南西諸島攻撃が確実視されたことによって建設され、同年12月に突貫工事で完成にこぎつけた。司令部の主目的は沖縄における軍事拠点の一つである小禄《おろく》飛行場（現在の那覇空港）の守備であった。

工事はつるはしなどを用いた手作業で行われ、最高軍事機密であったため約3000名の兵隊のみが設営に従事した。カマボコ型に掘り抜いた横穴をコンクリートと杭木で固めた壕内は当時450メートルほどあったといわれ、4000名の兵士が収容されていたという。

戦後は1970年（昭和45年）に司令室を中心に約300メートルが復元され、周辺も海軍壕公園として壕内が一般公開されている。ひめゆりの塔や平和祈念資料館とともに、修学旅行や南部戦跡巡りの目玉となったので、訪れた人も多いのではあるまいか。

しかし、最近は戦跡というより、いわゆる「出るところ」として注目されることのほうが多いらしい。どうやら、肝試し的なスポットとして名を馳《は》せているようで、内地からも心霊体験ツアーの一環として訪れる連中も少なくないという。戦争の悲惨さを伝えるために復元された戦跡が本来の目的と異なる利用のされ方をするのは、はなはだ納得がいかないのだが、戦争体験の風化が叫ばれるなか、戦跡もいまやあらぬ方向に俗化しているようである。

とはいえ、旧海軍司令部壕がこのようなかたちで脚光を浴びるのは仕方のないことなのかもしれない。なぜなら、ここは想像を絶する痛ましい死の現場となった場所だからである。

『沖縄大百科事典』（沖縄タイムス社刊）によると、

「6月4日（昭和20年）に飛行場北部に上陸した米軍は戦車100台をもって猛攻を加え、ついに6月13日、海軍根拠地隊員は壕内で自決した」

とある。壕内で自決した将兵は実に4000名。

遺骨の収集作業は1953年（昭和28年）に開始され、自決した司令部壕司令官・大田実海軍少将をはじめとして800名以上の遺骨が、次いで1958年（昭和33年）にはさらに1500名以上の遺骨が収集されている。収集作業は元海軍部隊隊員があたったが、当時、入り口はすでに崩れ落ち、壕内には泥水が溜《た》まっていたという。

ちなみに、2度目の収集作業が行われた1958年は僕が生まれた年にあたる。ちょうど日本経済が飛躍的な発展を遂げる高度成長の走りにさしかかった頃だ。ところが同時代の沖縄にあっては、おびただしい数の戦死者の亡骸《なきがら》が泥まみれの状態で放置されていたというわけだ。敗戦から13年、壕内で死んだ人たちにようやく訪れた「戦後」はかくのごとく悲惨なものであった。

無念のうちに死んだ兵士たちは浮かばれずにいたのかどうか、霊が出るという噂《うわさ》はすでにこの頃からあったらしい。

心霊現象を信じる人によると、

「戦地で死んだり、自殺したりしたものは成仏《じょうぶつ》できずに、その地に縛り付けられて地縛霊になる」

のだそうな。

そのセンでいくと、旧海軍司令部壕はまさに恰好《かっこう》の心霊スポットということになりそうだ。ある霊能者にいわせると地縛霊は、昇天できずに苦界をさまよい、周辺の霊をひきずりこんだり、他人に憑依《ひょうい》したりするのでタチがわるいらしい。地縛霊がいる場所で、事故や怪奇現象が起きることが多いのはそのためで、旧海軍司令部壕もその例にもれず、おぞましくもコワイ霊が出没する場所なのだそうだ。

（ふーむ……。だったら平将門《まさかど》の時代から戦国時代、そして幕末にいたるまで戦場の舞台になり続けた京都はどうなるの？　町中、地縛霊がうようよしてんじゃないの？）

と、疑り深い僕などはついツッコミたくなるのだが、怖さでいうなら、ワタクシなどは地縛霊やお化けなどより、そういう目に見えないものがありありと見えてしまう人のほうがよっぽどコワイと思うのだが、それはさておく。

今回、「出る」という噂を確かめるべく現地に足を運んだのだが、まあ、確かに旧海軍司令部壕は何か出てもおかしくない雰囲気があることは認めざるをえない。あまりに生々しすぎるモニュメントだからだ。

壕内は迷路のような通路に沿って、司令官室、医療室、下士官兵員室、幕僚室、暗号室などいくつかの部屋が復元されているのだが、つるはしで壕を掘った壁の隆起の跡は当時のまま。幕僚室の壁には将校が自決したときに飛び散った手榴弾《しゅりゅうだん》の破片の傷がはっきりと目視できるし、司令官室の壁面にいたっては、『大君の御《み》はたのもとに死してこそ人と生まれし甲斐《かい》ぞありけり』と書かれた歌が鮮やかに残されている。

そう、この壕は4000名が自決した当時の出来事を吸い込んだまま、ぴたりと時間が止まってしまっているのである。だからこそ、目に入るもののいちいちが生々しい。その意味で、この地下壕は可視的な過去が手の届くところで体感できるタイムトンネルといっていい。

ただし、生々しさとおどろおどろしさは紙一重だ。であれば、ここに「出る」という噂がまことしやかに流れるのも無理はない。

旧海軍司令部壕の内部

目を閉じて想像してみよう。時は1945年（昭和20年）5月。この時期、日本軍は米軍の圧倒的な攻勢を前に敗走につぐ敗走を重ね、すでに主力部隊の8割以上を失っている。戦力は尽きたも同然となり、ここにきて沖縄戦は本土決戦にむけた時間稼ぎの捨て石作戦の様相をおびてきた。ついに、降伏も玉砕も許されない終わりなき戦闘が始まったのである。

5月22日、第32軍・沖縄守備軍司令部は司令部がおかれた首里を放棄、南部の摩文《まぶ》仁《に》方面への撤退を決定する。同地域には立てこもることが可能な自然壕が多く、時間を稼ぐのに適していたからである。こうして、第32軍司令部は摩文仁岬を目指して大移動を始める。が、しかし、大田少将率いる海軍沖縄方面根拠地隊は同一行動をとらなかった。

物量にものをいわす米軍の包囲を突破するのは不可能と判断し、第32軍の撤退命令を拒否したのだった。残された作戦は壕内に立てこもり、持久戦を続行するというものだった。このとき兵員4000名。むろん立錐《りっすい》の余地もない。壕内は通路まで兵隊や傷病兵であふれ、立って寝る兵もいたという。

季節は折しも梅雨。ただでさえ蒸し暑い亜熱帯の空気に人の体温が加わり、なかは蒸し風呂《ぶろ》と化していただろう。また、傷病兵の傷口や排泄物《はいせつぶつ》からたちのぼる異臭で臭気もすさまじかったにちがいない。

６月４日、小禄飛行場に米海兵隊が上陸。米軍の熾烈《しれつ》をきわめた攻撃は日に日に激しさを増し、死傷者が続出した。耳をつんざくような爆音、地を揺さぶる爆撃による振動は止《や》むことがない。壕内はいまにも壁が崩壊しそうなまでに激しく揺れ、蒸れるような瘴気《しょうき》が立ちこめている。

ろくな手当ができない傷病兵は喘《あえ》ぐほか為《な》す術《すべ》はない。情勢は敗北必至となり、いまや死の恐怖だけが壕内を支配していた。

６月６日、自決に先立ち、大田少将は最後の電報を海軍次官宛《あて》に打電。結びの文言はつぎのごとし。

「沖縄県民斯《か》ク戦ヘリ。県民ニ対シ後世特別ノ御高配ヲ賜ランコトヲ」

６月13日深夜、大田少将が拳銃《けんじゅう》で自決し、残る将兵も司令官に続いた。通路のあちこちで手榴弾が炸裂《さくれつ》する。銃剣で刺し違える兵士もいたことだろう。死にきれずにうめき声を発する兵士の傍らで、死体が石垣のように山積みになっていく。

冒頭で紹介した「夜はみんな、杖を持って歩いた。死体を踏まないためだった」という一文はこのときのことをいったのかどうか、狭い壕内では生き地獄のような光景が展開されていたのである。こうして、海軍沖縄方面根拠地隊は壊滅、小禄方面における持久戦は玉砕という最も痛ましいかたちで終結したのであった。

さて、ここで怪奇譚《たん》に話を戻そう。いったい何が出るというのか？

実はこの壕に残された遺物は土を掘ったあとや、手榴弾の破片ばかりではないのだ。この壕を訪れる機会があればコンクリートで覆《おお》われた壁を見るがいい。

暗闇《くらやみ》を背負う通路のその壁面に壮烈な最期《さいご》を遂げた兵隊たちの顔がくっきりと浮かび上がっているはずだ。哀《かな》しげな表情、苦悶《くもん》をうかべた表情、無念を訴える表情。兵士たちの物憂《ものう》げな顔はいかにも視覚を狂わすような赤いライトの通路の両壁にびっしりと張り付いている。

ここはまさに、顔、顔、顔が連続する人面壕なのである。そう、訪れる者は慟哭《どうこく》の人面トンネルのなかを歩かされることになるのだ。

それればかりではない。目を閉じて耳をすませると、闇の向こうから、苦痛に身もだえる兵士たちのうめき声が聞こえてくる――。

とは、いわゆる「見える人」たちの語るところである。むろんのこと、これは壁に浮き出た染《し》みの中の紋様といえばそれまでなのだが、ただし、「見えない人」であっても、あたかも人面のように見えてしまうところがこの紋様の鳥肌ものの不気味さだ。

5年ほど前にもここを訪れたことがあるのだが、そのとき、壁に向かって手を合わせて拝んでいる老婆《ろうば》を見たときは背筋が凍り付いた。なんとなればその老婆は、見て見ぬふりをしながら通り過ぎようとした僕をふりかえってこうつぶやいたからだ。

「まだ若いのに、かわいそうにねえ……」

老婆が霊能者であったのかどうかは知らない。が、彼女が指さした壁の紋様は憂《うれ》いの表情をありありと湛《たた》えた男の顔だったのだ。

今回はそれを写真におさめようとして出向いたのだが見つからなかった。というか、もし発見してもシャッターは切らなかったに違いない。あらためて思ったのだが、撮影すると染み以外の何かが写り込むような気がしてならなかったのだ。

事情通によると旧海軍司令部壕では心霊写真が写る事例がことのほか多いそうな。あるいは、それと逆の現象も起こるらしい。染みのなかに人面を見つけても、いざファインダーやモニターをのぞき込むと、搔《か》き消したように顔が見つからなくなるという。たしかにこの壁が醸《かも》し出す雰囲気はただならぬものがあるが、人によっては天井から爆音が聞こえたり、軍靴《ぐんか》のような音が耳に入ったりすることもあるらしい。

この手の話をどこまで信じるかはそれぞれの判断にまかせるしかないが、以前、バス会社の人から、ツアーコンダクターやバスガイドがいちばん行きたくない観光スポットはこの壕だという話を聞いたことがある。やはり壁の染みが気になるそうで、感じやすい人はここにくるたびに頭痛や身体《からだ》の変調を訴えるらしい。

わからないではない。あまりに条件が整いすぎている。壕内のどこを歩こうが、そのとき立っている場所は、まぎれもなく自決した兵隊たちが折り重なるように斃《たお》れていったところなのだから……。不安心理が働けば、体調に影響がでてしまう人もいるだろうし、史実を知れば、どんな鈍感な人であろうと、この場所で起きた想像を絶する忌まわしい過去を思い浮かべずに歩くことは不可能と思われるからだ。

だからこそ、とあえて申しあげるのだが——、この場所はけっして肝試し的な気分で行くべきでない。いうまでもなく、旧海軍司令部壕は恒久平和を祈念して復元された施設であり、学ぶべきことは、戦争のおろかさであり、むなしさであろう。

われわれはこのような陰惨な地下壕に二度と生身の人間を送り込むようなことがあってはならないし、ここで起きた出来事を忘れてはいけないのだ。そのことを20世紀のこの悲惨な遺物はまざまざと教えてくれているのではないか。

１９８０年（昭和55年）、旧海軍司令部壕を訪れた大田英雄氏が「今こそ戦争と軍隊の本質を明らかに」という文を発表している。全文が掲載された『沖縄・八十四日の戦い』（新潮社刊・榊原昭二著）から、一部を引用させていただく。大田氏は「沖縄県民斯ク戦ヘリ」の電文を打ち自決を遂げた大田実少将の長男にあたる方である。

——第二日、タイムトンネルで、35年前の沖縄戦の渦中《かちゅう》に投げ出された想《おも》いがした。地下鍾乳洞《しょうにゅうどう》の探索は、何としても忘れることができない。沖縄戦については、父のこともあり、一定の学習をしたつもりでいた。その全《すべ》ての文字より、火焔《かえん》放射器で熔《と》けた薬ビン、泥から出土した夥《おびただ》しい人骨は、雄弁に語りかけている。侵略戦争の空《むな》しさ、軍隊の本質を。御国を守るの一言で、青春を幸せを奪ったのは誰だったのか。天井からの地下水が首に落ち、その亡霊共が、今また若者達に徴兵令を企《たくら》む現実に引戻される。——

地下壕のおびただしい数の染みは人の顔でなければおさまらない雰囲気があることは確かだ。しかし、こういう言い方もできるのではないか。

壁の「人面」は、同じ過《あやま》ちを繰り返してはならないと訴える戦没者たちの思いが浮き彫りと化したものかもしれない、と……。

米兵の幽霊

沖縄は超常現象や幽霊などの怖い話が掃いて捨てるほどある土地だが、なかでも戦争で亡くなった人たちにまつわる話は群を抜いて多い。いうまでもなく、先の大戦でこの地が日本国内における最大規模の激戦地になったからで、戦争で命を落とした人たちが成仏できずに帰る場所を探してさまよっている——というたぐいの話がこの島々にはどこにでもある。

つまり、沖縄の心霊現象的な話は多くのケースで沖縄戦と不可分の関係にあるといってても過言ではないのだが、ここで参考までに沖縄県が調査した戦没者の資料を紹介すると——、

県外出身日本兵の戦没者は6万5908人、沖縄県出身軍人・軍属の戦没者が2万8228人で、軍人関係の犠牲者の総数は9万4136人。ただし、犠牲者の数はこれだけにとどまらない。沖縄戦の最大の特徴は非戦闘員である一般住民を巻き込んだ

地上戦が繰り広げられた点で、その住民の犠牲者は約９万４０００人。ただし、これには敗戦前後に餓死やマラリアなどの疾病《しっぺい》で亡くなった人たちの数は含まれてはおらず、これらの犠牲者を合わせると県民の犠牲者は15万人にのぼるだろうと推定されている。すなわち、住民の犠牲者は軍人よりもはるかに多かったのである。

沖縄戦は周知の通り、本土決戦・国体護持（＝天皇制護持）のための時間稼ぎでおこなわれた勝ち目のない戦闘だった。その無謀きわまりない殺戮《さつりく》戦に住民が根こそぎ動員されたせいで、当時の人口の実に４人に１人が亡くなったことになる。いうなれば、現在の沖縄県民はもとより、この原稿を書いている僕自身も、かろうじて生き残った人たちから生まれた「末裔《まつえい》」ということになるのである。

従軍した米国人記者はこの沖縄戦を「醜さの極致」と表現したが、前述した戦没者数を知れば、実態はそれ以上に悲惨なものであったことがわかる。ともかくも90日余におよぶ戦闘で、これほどまでの犠牲者を出した「沖縄戦」という史実は繰り返し思い起こすべきであろう。

で、ここで話を本題に戻すと――、本書のなかで何度も述べてきたように、個人的には死者は無条件に救われるべきで、成仏しない霊などないというのが僕の立場である。

とは申せ、これほどまでにおびただしい数の戦没者がいれば、あるいは無念の死を遂げた人たちが巨万もいる土地ならば、浮かばれない霊が「出る」という噂が湧《わ》くように生まれてくるのも仕方がないのかなと思ってしまう。

なんとなれば、兵隊であれ住民であれ、死んでいった多くの人々がもはやこの戦争はどう見ても犠牲しか重ねない絶望的な闘いであることを肌身で感じたはずで、自ら望まない「死」を強制してくる国家や軍隊というものの正体と、誰もが向き合わざるをえなかっただろうからだ。

そこに恨んでも恨みきれないなにがしかの情念が発生する。生き残った人たちのやり場のない怒りや悲しみはそれ以上のものであっただろうが、ともあれ、戦時という常軌を逸した時期に生まれた怨嗟《えんさ》の魂は浄化されずに戦場に残った。かくして、浮かばれずにさまようとされる霊の存在理由はその土地に澱《おり》のようにたまっていく。論理的にはそうなる。

夜な夜な軍靴を響かせて農道を行軍する首のない日本兵の幽霊、砲弾で下半身を無くした女の子が匍匐《ほふく》前進しながら近づいてくるという某学校の怪談、戦死した許婚《いいなずけ》がプレゼントしてくれたハンドバッグを下げながら寂しげに立っている元従軍看護婦の霊……、激戦地になった沖縄本島南部には、そんな幽霊の目撃譚がそれこそ山ほどある。

あるいは糸満市の米須《こめす》にある「シーガーアブ」という自然壕にはこんな話も残っている。ここは米軍に引火性の燃料を流し込まれて多くの日本兵が焼死した壕とされ、「有川中将以下将兵自決の壕」と書かれた塔が立っている。有川中将らは米軍の投降要求に応じず徹底抗戦の構えをとったために火をつけられたとされているが、噂《うわさ》によれば、いまでも夜中になると直径約８メートル、深さ約３メートルの大きな壕の穴底から突然、「敵襲！　敵襲！」という悲鳴が聞こえるそうな。

南部地域には戦時中に日本兵や住民が使用した自然壕があちこちに残存している。したがって、「壕」はこの手の話の宝庫になっているのだが、沖縄戦を題材にした怪奇譚としてはいかにも整合性のある話といっていい。

というふうに、沖縄では戦争に関係する怖〜いお話が汲《く》めども尽きぬという表現がぴったり当てはまるほどたくさんあるのだが、かねてから僕には沖縄戦に関連する怪談には素朴な疑問があった。

冒頭で述べたように沖縄戦では約20万人もの人たちが亡くなっているのだが、地形が変わるほどの激しい砲弾が炸裂したこの戦闘では米軍側も多数の死傷者を出している。県の戦没者資料によれば、米兵の死者は１万２５２０人、負傷者７万２０００人である。

米軍は沖縄攻略作戦を対日戦略の最も重要な作戦と位置づけ、艦船約1500隻《せき》と、のべ55万人近い兵員という西太平洋の全戦力を沖縄に投じている。対する日本の兵力は陸海軍、現地で徴集された学徒隊員など合わせて計11万6400人。当時の沖縄県の人口は約45万人というから、米軍は住民の数を上回るのべ兵員数と、日本軍の約4倍もの圧倒的な戦力でもって臨んだのであった。

使用された銃弾の数は米軍側だけで2771万6691発、砲弾6万18発、手榴弾《しゅりゅうだん》39万2304発、ロケット砲弾2万3359発、機関銃弾においては約3000万発が発射されている。これが鉄の暴風といわれた沖縄戦の実相である。が、これほどまでの圧倒的な銃弾や砲弾を使用しながらも、最終的には1万余の犠牲者を出す結果となったのである。

沖縄戦が米軍にとってもいかに凄絶《せいぜつ》なものであったかがわかるというものだが、とすれば、実に不思議な実態が浮かび上がってくるのだ。

前述したように、沖縄戦にまつわる幽霊の伝説や目撃談は、日本の兵隊や住民の犠牲者ばかりで、どういうわけか多大な死者を出した米兵の幽霊話は皆無といっていいほど「噂」にのぼってこないのである。

加えていいえば、米兵にとってそのほとんどは沖縄が未知の土地であったはずだ。なかには場所すらはっきりわからずに上陸した兵隊もいただろう。なにしろ戦前は日本人のあいだでも沖縄についてはほとんど知られていなかったし、旅行する人もほとんどいなかったのだ。いうなれば、日本人にとっても沖縄は未知の島であったのだ。

だからこそ、死んだ日本兵も「ここはどこなんだぁ～、恨めしいことよ～。オレを故郷に帰してくれ～」とバケて出るのであろう。しかしながら、「恨めし度」でいえば米兵の方がはるかに上であったはずである。

なにしろ、沖縄は母国から遠く離れた絶海に浮かぶ小さな島なのである。しかも、言葉、文化、人種がまったく異なる土地で、大国アメリカからみれば吹けば飛ぶような小さくて貧しい島である。

命を落とした米兵は日本兵と比較にならないほどやりきれない思いに苛《さいな》まれて死んでいったに違いない。これを無念といわずになんというのか。ヘンな言い方になるが、戦死者の霊が出るというなら、誰よりも先んじて米兵から出てくるべきだし、常識的にいっても米兵が出ないことのほうがおかしいというものである。

にもかかわらず、なにゆえ戦死者の怪奇話や目撃譚は日本兵や住民に限られ、米兵の幽霊の噂話は聞こえてこないのか。まさか異民族に関しては、霊能者をもってしても見えないというのではあるまい。

ともかくもこのことに関しては、その方面の人たちとはぜひ一度きちんと膝詰《ひざづ》め談判して問い質《ただ》したいと思っていたのだが、なんというのか、こういう頭にひっかかる点はやはりきちんと調べてみるもので、インターネットで検索してみると、なんと沖縄に出没する米兵の幽霊の目撃例があったことが報告されていた。

その場所はというと、沖縄本島北部、金武町《きんちょう》、恩納村《おんなそん》、宜野座村《ぎのざそん》、名護市にまたがるキャンプ・ハンセン。すなわち米軍基地内である。1973年から97年まで県道104号線を挟んで実弾射撃訓練が行われたいわくつきの基地だが、ここの第3ゲートに沖縄戦で亡くなった兵士の幽霊が出るというのだ。

資料の出所は米軍の準機関紙、『スターズ・アンド・ストライプス』の太平洋版。沖縄は激戦地になったせいか、基地内にも幽霊が出るとの話が多く、ハロウィーンの特別イベントとして心霊スポット・ツアーを行ったりするそうで、毎年、何週間も前にチケットが売り切れるという。また沖縄に出没する幽霊話を集めてまとめた小冊子も発刊されたこともあるそうで、話を総合すると、米兵たちはどうやら怖～い話が大好きであるらしい。

それはともかく、キャンプ・ハンセンの第3ゲートには深夜、歩哨《ほしょう》に立つ兵士に、「火をくれ」と頼み込む野戦服を着た血まみれの兵士の幽霊が現れるのだそうだ。

マッチをどこかに落としてきたのか、あるいは雨か何かのせいで火がつかなかったのか、考えてもわからないのだけれど、とにもかくにもこの兵士は、人生最期《さいご》のタバコに火をつけられなかったことがよほど念として残ったらしい。

“Hey! Would you give me a light for my cigarette, please?” とでも懇願しているのかどうか、死んでなお今生に執着するならタバコの火なんかより、何かもっと別のものがあってよさそうな気がするのだが、この幽霊、あまりにしつこく火をねだるらしい。なので、それが理由で歩哨に立つことを拒否する兵士が続出し、ついにゲートは閉鎖されたというのだ。

はたしてどこまで信用できるのかどうか、この話についてはその後もヒマついでに追跡調査していたのだが、これとよく似た話が『沖縄のうわさ話』（ボーダーインク刊・ｔｏｍｍｙ編）に掲載されている。それによると、話の内容はほぼ同じであるにもかかわらず、『沖縄のうわさ話』では浦添市のキャンプ・キンザーの第１ゲートのさらに奥のゲートの話になっていた。つまり、兵士の出没スポットがまったく別の場所になっているのである。

こうなるとこの話のオリジナルそのものが怪しくなってしまうし、単純な作り話の可能性もなきにしもあらずということになるのだが、ただひとつ いえることは、沖縄は米軍基地が集中している土地柄、世にも不思議な「都市伝説」ならぬ「基地伝説」があるということだ。

ついでながら、『沖縄のうわさ話』によると、この兵士は火を貸すとたちまち宙に消えるとか。では、火を貸すのを拒むとどうなるのかが気になってくるのだが、ワタクシとしては世の時勢柄、「ノースモーキング！　あなたのお国ではスモーカーは敬遠されているよ」と、禁煙のススメを説きたいところではある。

さてこの場合、相手はどう出てくるのか？　会えるものならぜひ会って、その反応を確かめてみたいのだが……。

新都心

「泥の上に散らばったり、谷間の壁の岩に張りついたり、人間の肉片は、あたり一面に散らばっていた」と海兵隊員は語った。体が真っぷたつになった男、切断された腕や脚、取れた頭部などがゴロゴロしていた。G中隊の海兵隊員、フランク・ヘップバーンがこの場所にやってきたとき、手をのばせば、どこにでも砲弾の破片があり、前夜の砲撃の凄《すさ》まじさに息をのんだ。――（『沖縄シュガーローフの戦い―米海兵隊地獄の７日間』光人社刊・ジェームス・H・ハラス著）

沖縄戦といえば、「ひめゆり学徒」で知られるように、首里から南部、さらに摩文仁の丘へと住民を巻き込みながら撤退、玉砕していく悲惨な状況を思い浮かべるが、戦闘は米軍の沖縄上陸とともにいたるところでおこっている。とりわけ、日本軍の司令部が置かれた首里近辺では血で血を洗うような凄絶な戦闘が展開されていた。

冒頭で引用した書は首里防衛線の突破を試みる米軍第６海兵師団と、独立混成第44旅団配下の日本軍が、シュガーローフという高地の争奪戦を巡って激突した状況を生き残り兵士にインタビューしたもの。戦争とはどういうものなのか。この数行を読めばもはやどんな説明も理屈も必要ないだろう。いまからわずか65年前、僕の親の世代以上が生身で体験した国内唯一《ゆいいつ》の地上戦はこのような生き地獄さながらの様相で展開されていたのである。

シュガーローフとは米軍側の呼称で、日本側は同じ丘を安里52高地と呼んでいた。現住所は那覇市おもろまち1丁目6番地。現在の「那覇新都心」、沖縄都市モノレールのおもろまち駅西側にある、安里配水池公園がその地である。地元の人なら、国道３３０号沿いの標高15メートルほどの丘の上にある市の配水タンクが設置されたところといえばわかるだろう。道を挟んでブランドショップのＤＦＳ（沖縄の免税店）が建っているので、観光で来られた人も見覚えがあるのではないか。

要するに１９４５年（昭和20年）５月12日から18日にかけて、米海兵隊と日本軍はこの丘の争奪戦を繰り広げたのである。両軍が対峙《たいじ》した距離は２００〜３００メートルほどで、そのため、丘は１日に４度もその奪取者を変えるほどの激戦となる。米軍は目と鼻の先のところにある丘を奪うために、２６６２名の死傷者に加え、１２８９

名の戦闘疲労患者（精神障害者）を出すことになる。沖縄戦史上、米軍が最も苦戦を強いられた戦闘、それがシュガーローフの戦いだったというわけだ。ちなみに、シュガーローフの呼称の由来は、戦闘によりあたり一帯が砂糖のように白くなったからといわれている。

　このシュガーローフの丘から北側の銘苅《めかる》地区、国道58号沿いの天久《あめく》地区にかけての広大な一帯は、戦後長く米軍居住地域としてアメリカに接収されていたが返還され、しばらく放置されたままになっていた。が、ここ10年足らずの間に大型ショッピングモールや電化製品・紳士服などの量販店、シティホテル、レストラン、高層マンションなどが続々と建設され、現在も再開発の途上にある。

　そのめまぐるしい変貌《へんぼう》ぶりは言葉では表せないほどで、人の流れもかつての繁華街からこの界隈《かいわい》に移行した感があり、新都心はいまやもっとも殷賑《いんしん》をきわめている町となりつつある。地価も高く、分譲マンションなどは一般の沖縄の人たちの所得では購入

現在のシュガーローフの丘

できないくらいはねあがっている。事実、入居する人は内地からの移住者や富裕層が圧倒的に多い。

とまあ、それほどまでに人気の高いエリアになっているにもかかわらず、新都心は地元の人にはあまりよく思われていないのだ。「あそこはねえ……」と口をにごす人もいれば、買い物には行っても住むのは絶対だめと言い切る人までいる。

実は僕も分譲マンションを探していた頃、家相をみる人から「新都心だけはやめなさい」と釘《くぎ》をさされたことがある。商売ならともかく、住んでしまうと病気になるというのだ。それどころか、不動産屋からも「商売柄こういうことをいってはいけないのですが、新都心はおすすめしませんねえ」といわれたこともある。

なにゆえ忌《い》み嫌われているのか。冒頭で紹介したようにこの一帯は激戦地であった。日本側の死傷者は統計がないため明らかではないが、日米両軍を合わせるとおそらく4000名に近い犠牲者がでているといわれる。死体が崩れ落ちるほど戦死者が山積みされたという証言もあるが、実際、この周辺はいまでも人骨や砲弾の破片や薬莢《やっきょう》など多数の遺物が出てくる土地だし、開発工事中も不発弾が見つかったというニュースがたびたび報道されている。

しかし、このことをもって地元の人たちは気味悪がっているのではなかろう。なぜなら、戦場はここだけではないからだ。それこそ、いまはびっしりと民家やアパートが建ち並んでいる首里などは激戦地の最たるところだ。死者のことを気にしだすと沖縄はどこにも住めなくなる。

なぜ、新都心だけはこだわるのか。

いまだから明らかにするが、開発が始まる直前、まだ天久開放地と呼ばれていたこの土地のなかに無断で忍び込んだことがある。

鬱蒼《うっそう》とした雑木、荒涼とした大地、大きな水たまりのような湿地帯、墓穴の蓋《ふた》が抜かれて放置されたままの墓群、外人住宅の廃墟《はいきょ》……、なにやら、魑魅魍魎《ちみもうりょう》さえ近づかないような荒れ果てぶりで、目に入るすべてのものがすさみきっていた。日が暮れる直前だったせいかもしれないが、景観以上に不気味な風景に見えたものである。

戦前は拝所《ウガンジュ》もあれば御嶽《ウタキ》もあったに違いない。むろん、人々も日々の暮らしを営々と紡《つむ》いでいたはずだ。それがある日突然戦火で廃墟となり、土地を奪われ、やがて荒れ地と化した。そして、それを覆《おお》い隠すように突然アスファルトが敷かれ、コンクリートが林立する近代都市があっというまにできあがった。

「土地が浄化されていないのです」

とは、霊感が強いと自称する人の言葉である。あるいは、戦時中の遺骨などがまだ地中に埋まっているのに、その上に建物が建ってしまったので、成仏《じょうぶつ》しないまま苦しんでいる霊が大勢いるとかいった話もよく聞く。要するに、地元の信心深い人によれば、あの土地は沖縄戦で亡《な》くなった兵士たちが弔われないままいまに至っているというのである。

また、墓によってはお祓《はら》いもせずにそのまま造成されたという噂もよく聞くが、これに関しては僕も目《ま》の当たりにしているので気になっていたことではある。

そのせいか、兵隊の霊がさまよっている、飛び降り自殺や交通事故で亡くなった人の霊が出たなど、新都心はとかく心霊現象を目撃したという噂が多い場所であることは確かだ。

むろん、僕自身はそういうものに出会ったことはないし、そもそも浄化という概念すらよくのみこめていないのだ。

ただし、そんな僕でもあの土地にはなにかが潜んでいると思えてしかたがないのだ。その理由は自分でも要領を得ないのだが、おそらく茫漠《ぼうばく》たる大地に胡乱《うろん》な空気を漂わせていたあの日の光景の中に異様なものを感じたからであろう。ともかくも、僕にとっての新都心の印象はあの日以来ずっと声なきうめき声が聞こえる……そんな土地になったままなのだ。

南部戦跡・糸数壕

青木ヶ原、小坪トンネル——といえば、テレビでもお馴染《なじ》みの心霊スポットである。山梨県の富士山麓《さんろく》に広がる青木ヶ原はいわずと知れた自殺の名所、神奈川県道311号線にある小坪トンネルはいわゆる「お化けトンネル」の代表格で、心霊スポッターの間ではこの2か所が日本でいちばん怖い場所の双璧《そうへき》であるらしい。

これらに続いて近年、ベスト3にランキングされている心霊スポットが沖縄の糸数壕なのだそうだ。沖縄本島の南城市玉城字糸数地区にある鍾乳洞《しょうにゅうどう》で、地元では「アブチラガマ」とも称されている。

といっても観光鍾乳洞ではない。南部一帯はガマと呼ばれる自然の洞穴が無数にあり、壮絶な地上戦となった沖縄戦当時は地下壕として利用された。

糸数壕もそのひとつ。全長270メートルもあるこの巨大な鍾乳洞は、日本軍の陣地兼倉庫および糸数地区住民の避難壕として1000名以上の軍民が籠城《ろうじょう》した。19

45年（昭和20年）4月下旬以降は「南風原《はえばる》陸軍病院」の分室としても機能し、あのひめゆり学徒隊も看護婦として動員されている。

度重なる米軍の攻撃で数百名の犠牲者を出した壕として知られるが、戦況悪化による撤退命令後は、歩けない重症患者が青酸カリを盛られたり、スパイ視された住民が日本兵に射殺されたりする事件が発生するなど、糸数壕ではまさに地獄絵図が展開された。

要するに、この壕は沖縄戦の実相が濃厚に凝縮された「重要戦跡」であり、現在は修学旅行生を中心に年間十数万人が訪れる沖縄屈指の平和学習の場となっている。が、しかし、一方では日本でいちばん怖い心霊スポットのひとつとして注目を集めているというわけだ。

戦争の惨禍をいまに伝える戦跡を好奇の目で見るのはあってはならないことである。ところが、糸数壕に入れば誰しも恐怖心が先に立ってしまう。それほど怖い。戦跡を戦跡として直視することができる僕ですら、あらぬことを考えたりするのだから、妙な噂《うわさ》が立つのは仕方のないことかもしれない。

糸数壕の怖さは「闇《やみ》」に集約されている。ただでさえ暗い地下なのに、この壕には照明がない。入洞した者は懐中電灯を頼りに歩を進めるしかなく、ライトを消すと、瞬時に指先すら見えない漆黒の闇に呑《の》まれてしまう。それでも、この戦跡はあえて照明器具を設置しないようにしているのだ。そう、明かりのなかった戦時下の壕の雰囲気を追体験するためである。

黒よりも濃い闇の空間。そこに聞こえてくるのは地下水の流れる音と、同行者の息づかいのみである。が、身動きできぬほどの闇に閉ざされてしまうと、その背後に別の音が聞こえてくるような気がする。

当時、壕内はいたるところ人間の四肢や死体で埋め尽くされていたという。ライトをかざしながら歩くと、その証拠となる遺物がつぎつぎと闇の中に浮かび上がる。火《か》焔《えん》放射器で黒焦《くろこ》げになった土、炸裂《さくれつ》した爆弾の金属片が突き刺さった天井、人の血が染《し》みついた壁……。通路には「脳症患者」や「破傷風患者」が収容された場所の看板も立っている。こうした患者のなかには麻酔をせずに手足を切断される人も少なくなかったらしい。

驚くべきことに、ここでは「死体安置所」も設置されている。死体を外に出さなかったのは、米軍の砲撃が激しくて運び出すのが危険だったからだ。想像力を膨らまさなくても、あちこちから絶望の淵《ふち》に追い込まれた人々の慟哭《どうこく》が聞こえてきそうである。

糸数壕を訪れる人のなかには暗闇に耐えられなくなって気分をわるくしたり、過呼吸を起こしたりする人もいるという。そのため、洞内には緊急用の呼び出しボタンが設置されている。

不埒《ふらち》ないい方になるが、ここはお化け屋敷よりはるかに怖い。この闇の深さを経験すればとても一人で入る気にはなれないだろう。そんな戦跡ゆえ、闇の奥に人の姿が見えた、日本兵が写真に写っていた、足下を誰かにつかまれたようになって動けなくなった、撮影中にノイズが走ったという話が絶えないのである。

糸数壕を訪れる修学旅行生は感受性の強い世代である。僕もそうだったが、この世代が宿泊先で寝ずに語る話題といえば、きまって怪談である。目の錯覚やデジカメの誤作動などの話も彼らが語れば尾ヒレがつきやすい。加えて、あの暗闇はふだんの生活ではありえない初めての体験である。あらぬ方向に話がいかない方が不思議というものではないか。

糸数壕が心霊スポット化している理由はこのあたりで説明がつくと思うが、いずれにしても、暗闇が壕をいっそう不気味なものにしていることはたしかである。が、地元の人によればこの暗さに助けられた人もいるという。

暗黒の壕はあらゆるものを隠してくれる。つまり、周りがどんな事態になっているかわからなかったから、人々は壕から出なかった。もし明るければ、阿鼻叫喚《あびきょうかん》の光景を目の当たりにして逃げ出す人もいたに違いない。そうなれば外で銃を構える米軍に確実に殺されていただろう……。

闇のもつもうひとつの恐ろしさというべきか、ともかくも、戦争の悲惨さを知るよりどころとして、この話は十分すぎるほど説得力があるといっていい。

その壕での避難生活は長い人で実に半年間にも及んでいる。

賢明なる読者諸氏よ。糸数壕を訪れる機会があればまずもってそのことを考えてほしい。

はたして自分はこの闇のなかで暮らせただろうかと……。

第5章　よく出る心霊スポット

ゆいレール『美栄橋』駅ホームから見た七つ墓

瀬長島《せながじま》

那覇近郊のデートスポットといえば豊見城《とみぐすく》市の瀬長島。那覇空港のすぐ南に位置し、海中道路によって対岸と地続きになっている小さな島で、那覇からの交通の便がよいことから、夏場はビーチパーティやバーベキューのメッカとしても知られるようになった。

とはいっても、島のあちこちに不法投棄されたゴミが散乱していたり、埋め立て地がすぐそこまで迫っていたりするので島の中の景観はいまひとつだ。にもかかわらず、この島がカップル御用達の島として利用されているのは300メートルほど続く海岸が西に位置しているからで、瀬長島はいわば、サンセットビーチの名所になっているのだ。

島の上空が那覇空港に着陸する飛行機の航空路にあたっているのも瀬長島の特徴。なので、夕刻ともなれば、暮れなずむ空を背景にしながら沈みゆく太陽と飛行機が行き交い、夕映えする東シナ海に目を転ずれば慶良間《けらま》諸島が水平線の向こうに影絵のように浮かんでいるシーンを目の当《ま》たりにすることができる。とくれば、カップルが海岸に肩を並べて寄り添いあうのに、これほどムードのあるスポットはないというわけだ。

で、話はいきなり始まるのだが――その日もカップルが互いにもたれかかるようにして海を眺めていたのである。風はそよとも吹かず、夕暮れの海は油を流したようなべた凪《なぎ》だったらしい。が、その静寂は突然、波をバシャバシャたたく音によってやぶられてしまった。音は後方から聞こえてくる。

（なんだろう？）

2人が同時に振り返ると、いつのまにいたのか、男が尋常でない動きで手をバタバタさせながら、海面をもがくようにして浮き沈みしている。もしや、溺《おぼ》れている？

「ほら見て。助けないと！」

女はあわてて叫んだ。が、立ち上がった彼氏は溺れかけている男をひと目見るや「はっ！」とした顔つきになった。そして、「走れ！」と、いきなり彼女の腕をつかみ、路肩に停めてあったバイクに乗せて、フルスロットルで島を駆け抜けた、という。

後になって、なぜ、助けなかったかと女が問うと、彼氏はこう答えたという。

「あの男は溺れていたのではない。顔を見なかったのか。ニヤニヤ笑ってたんだぞ」

アレはこの世のものではなく、助けにいった人を海に引きずり込む溺死《できし》した者の霊なのだ――。

という瀬長島を舞台にしたお話が若者の間でまことしやかに語られている。ただしこの話、カップルがドライブしているときに目撃したとか、男は溺れていたのではなく海から手招きしていたとか、いくつかのバージョンがある。

おそらく、語り継がれている間に尾ヒレがついたのだろう。ただ、瀬長島のこの海岸は那覇およびその周辺の人にはよく知られた場所なので、なまじおどろおどろしい怪談話よりよほどゾッとさせるものがある。この話を知ってから、僕は瀬長島では生涯泳ぐまいと心に決めたものである。

こんな話もある。

深夜4時前、瀬長島の周回道路を例によってカップルがドライブしていたときのこと。直線上の海岸沿いの道路は埋め立て地に入る地点で大きくうねり、1か所だけ見通しのきかないカーブにさしかかる。ブレーキを踏んで速度を十分に落としきったそのときである。ライトの前に突然、白装束の浴衣《ゆかた》のようなものを着たオジィが現れたのだそうだ。

オジィは道路の端を歩いていたので接触する心配はなかったらしいが、車のライトに照らされているというのにまぶしそうにするわけでもなく、ややうつむきかげんで杖《つえ》をついて歩いていたという。

しかし、カップルがゾッとしたのはそれだけではなかったのだ。あっという間に車はオジィの横を通り過ぎていったが、オジィの着物ははだけていて、あばらの骨が浮かび上がるほどやせこけ、はだしで歩いていたというのだ。

そのとき2人はこの世のものではないものを見ているとすぐに理解したらしい。だから、通り過ぎても振り返るようなまねはしなかった――。

このたぐいの話は日本全国どこにでもありそうだが、このケースの場合、深夜のオジィという設定がいかにもという気にさせる。どういうわけか、道路やトンネルに現れるという幽霊はたいてい若い女かオジィで、ビジネスマンがアタッシュケースをもってスキップしながらトンネルの向こうから現れたとかいう話は聞いたことがない(これはこれでコワイ話だが)。深夜、サトウキビ畑の農道を歩く幽霊の話などよく聞かされたが、沖縄のオバァは元気すぎるのか一人寂しく深夜徘徊《はいかい》している話はまず聞かない。この手の話の主人公は圧倒的にオジィが多い。

富士には月見草が似合うが、暗がりの道路にはオジィが似合うのだ。似合うだけにコワイ。

さらにはこんな話もある。

夜中、車を路肩に停めて車内で男女がイチャイチャしていると、突然、ドアをコンコンとノックする音が聞こえる。

（ん、なにごと？）

と男がドアを開け放つと辺りは漆黒の闇で人影もない。空耳かと思ってドアを閉め、続きを始めようとしたとたん、今度はリアウィンドウをたたく音が……。恐々としながら２人が振り返ると、ガラスをたたく音は確かに聞こえるものの人の手も姿もない。ただ音だけがコンコン、コンコンと繰り返される。男女は全身総毛立ってその場を離れたが、女のコは翌日から原因不明の高熱に見舞われて入院した――。

これもなにやら、妙に耳にこびりついてしまう話だ。コンコンという音が追っかけてくるとか、手形がべっとり残っていたという結末であればいかにも陳腐な怪談になってしまうが、音だけの現象というのが背筋を寒くさせる。この話を聞いて、瀬長島ではどんなことがあっても女性とはイチャイチャしないでおこうと固く決意したものである（というよりそんなイイこと生涯あるはずないが）。

あるいはこのような話もある……と、続けていくと切りがないのでこのへんにしておくが、瀬長島はデートスポットでありながら、その実、心霊スポットのメッカという顔をもった島でもあるのだ。その怪奇談も目撃者はカップルや若者ばかりで、内容も古来伝わる伝説やそれを元にしたものではなく、車やバイクがらみの脈絡のないイマドキのネタがほとんどである。

とくれば、若者が作り出した眉唾《まゆつば》話がクチコミで広がり、それに尾ヒレがついたり、新ネタが絡《から》まったりして都市伝説化した可能性が高いのだが、そうはいってもこの島、どこか不気味なのである。

おそらく島の地勢や環境も影響しているのだろうと思う。瀬長島は面積0・2平方キロに満たない島だが、台地状に盛り上がり、周回道路のすぐ上は崖《がけ》状の丘を形成している。なので、海岸沿いに崖を背負ったような格好になり、これが妙に重々しく感じられるのだ。しかも、島の南西側はだだっぴろい砂利の集積場で、いかにも殺風景。加えて丘の斜面は荒れ放題の草木と藪《やぶ》でびっしり覆《おお》われ、丘に登れる2か所の道路はいずれも封鎖されたままになっている。

そんな環境に、ゴミが不法投棄され、加えて週末になればビーチパーティやバーベキューに興じた後の紙皿やペットボトル、菓子や生ゴミがいたる所で山積みにされているのである。ついでにいっておくと、瀬長島は犬猫の捨て場として社会問題化した場所でもある。

島は荒れているのだ。海も陸地も全体に暗い感じがするのはこうした理由があるからだろうが、もうひとつ、これだけ人が出入りするのにこの島が無人島に近い状態であるというのもイメージを暗くさせる要因になっているように思える。

いまは荒れるがままにされている瀬長島も古い時代は由緒《ゆいしょ》ある土地だった。丘の上にある瀬長グスクという居城はその名残で、古い時代はこの島を拠点に豊見城地区の開闢《かいびゃく》の歴史が刻まれたとされる。いまもグスク跡の周辺にはいくつかの聖地跡が旧態をとどめたまま残っているそうだが、ともかくも、昔はたいへんに栄えた島だったのだ。

無人化するのは戦後のこと。米軍が弾薬庫として瀬長島を丸ごと接収したためで、住民は抵抗する術《すべ》もなくすべて対岸の沖縄本島西岸に移転することを余儀なくされた。沖縄戦と戦後の米軍支配が招いた悲劇はこの島にも及んでいたというわけだ。島は1977年になってようやく返還されるも、帰島する住民はおらず、その後は実質的に無人に近い状態になる。

丘に登る道がドリフト走行のメッカとなったり、海岸沿いの夜の道路がカーセックスに興じる連中の車に占拠されたり、あるいは不燃ゴミの不法投棄やペットの捨て場所になったりするのはこの頃からである。

その後の瀬長島はいまわしい噂話《うわさ》ばかりが続く。ドリフトによる相次ぐ事故、車ごと藪の中に入れて排気ガスを引き込む自殺者の多発、あるいは工事関係者が地盤を掘った時に白骨化した人体が発見された等々……。怪談話が引きも切らずに語られるようになるのはちょうどこの頃だ。丘に登る道路が封鎖されたのはこうした事件や心霊現象が頻発したからといわれているが、さもありそうな話ではある。

ただでさえ殺風景で殺伐とした雰囲気の島に、相次ぐ車の事故、自殺、白骨死体といった変事が加わるのである。しかも、集まるのはコワイ話が大好きなちょいとぐれた思春期世代。集合時刻は深夜、とくれば怪しい都市伝説が生まれる土壌は十分すぎるほどにできあがっているといっていい。

ワタクシもそうであったが、マナーやモラルに欠ける行為を繰り返していれば、人間誰しも呵責《かしゃく》の念に苛《さいな》まれる。その呵責の不安心理が夢や幻覚、幻聴になって現れることは精神病理の分野でも説明できる。語られる怪談話がすべて車やバイクがらみのイマドキのネタという根拠はこのへんにありそうな気がする。

調べてみると、道路の封鎖は相次ぐ事件のせいではなかった。2000年7月に開催された沖縄サミットがその理由。瀬長島は島の上を飛行機が通過するので警備強化のためサミット開催前に封鎖されたというのが真相であった。

というように、瀬長島の怪談はほぼ眉唾の話であろうというのが僕の推論するところなのだが、ひとつひっかかることがある。霊感があると自称する人の多くが瀬長島にはむやみに足を踏みいれない方がいいというのである。実際、ビーチパーティの誘いを断った人もいるのだが、その人いわく、海はともかく丘がどうもよくないらしい。

よくないとは悪い場所という意味ではなくて、丘の上に点在する聖地がぞんざいに扱われているために土地の神様が苦しい思いをしているというのだ。さまざまな霊的現象もその「お知らせ」というのだが、実際、ドリフトで道は荒れているし、ゴミのせいかハエや野犬も多いし、封鎖されてからも不謹慎な行為をしでかす連中があとを絶たない。

瀬長島は琉球《りゅうきゅう》開闢の神、アマミキヨ（阿摩美久）の子の南海大神ガナシが住んだ地とされる。レジャーランド化したこの島ではその神話すら忘れ去られようとしている。だとすれば、由緒ある土地の神々が悲嘆にくれていても無理もない。

聖地はいつも清らかであるべきだし、語られるべきは超常現象ではなく、その土地の興《おこ》りにまつわる話だと思うのだが……。

斎場御嶽

斎場御嶽と書いて「セーファウタキ」と読む。沖縄本島南部、南城市知念地区にある御嶽で、世界遺産にも登録されている遺跡群のひとつである。最近では団体バスも乗り付けるくらいの観光名所になっているから訪れた人も多いだろう。

御嶽とは別項でもふれているように、神々が降臨する霊域のことをいうのだが、この御嶽には「斎場」という死者の葬送の場を意味する語がつけられている。ネーミングからしていかにも不気味な御嶽ではないか。

その通り、この斎場御嶽こそ、死んで浮かばれずに、この世を永久にさまよう亡者《もうじゃ》の霊が夜ごと集う、世にも恐ろしい今生の冥界《めいかい》というべき場所なのだ。あな、おそろしや、おそろしや〜。

……などといったりすると、ワタクシはたちまち沖縄の人からひんしゅくを買い、島から追い出されてしまうに違いない。これはわるい冗談であるから、読者におかれてはすぐに忘れるように。

沖縄は森や岩、海などの自然を御嶽として信仰の対象とするいわゆる自然信仰が未《いま》だに生きている土地だが、その数ある御嶽のなかでも最も霊威が高いとされ、琉球最高の聖域として崇《あが》められているのがこの斎場御嶽なのだ。あえて表現すれば、沖縄のなかでも最も畏《おそ》れ多い地にして、人々にとっての心の聖地というべき場所といおうか。なので、この御嶽についてアレコレと興味本位で根拠のない噂を振りまくのは厳禁。これすなわち、神を冒瀆《ぼうとく》する言動なのだ。

しかし、である。前言を翻《ひるがえ》すようだが、ここには超自然的な何かが宿っていると信じている人がワンサといるのだ。あるいは、斎場御嶽こそ沖縄随一の超常現象スポットという人も少なくなく、たとえば地元の現職市長でさえ某雑誌のインタビューに応《こた》えて、次のように語っているのである。

「斎場御嶽での不思議なエピソードは後を絶ちません」

これは公人のいわば公式発言であるから、エピソードの真偽はともかくとして、斎場御嶽が第一級のいわくつきの土地であると断じてよいのではないか。

開闢神話というのがある。民族の興りや土地の始まりを語る伝説のことで、『古事記』や『日本書紀』の冒頭に記されたイザナギ、イザナミの国産みの神話、あるいは

『旧約聖書』の創世記における天地創造の物語などがそれにあたる。

琉球にも同様の伝説があって、日本と異なった歴史をもつこの土地には独自の開闢神話が語り継がれてきた。

神話には諸説あるが、開闢神はアマミキヨといわれる女神で、彼女はまず、斎場御嶽より東方5・5キロの海上に浮かぶ久高島《くだかじま》（224ページ参照）に降り立った。が、棒で島の縦横を計ってみるとあまりに小さいので沖縄本島に入る。で、国始めの7つの御嶽を造るのだが、その聖なる御嶽の筆頭こそ斎場御嶽であると伝えられているのである。

いうなれば、斎場御嶽は内地の伊勢神宮のような存在で、琉球の御嶽信仰の総本山というべき地なのである。となると、ここで「斎場」という言葉が気になってくる人もいるのではないか。冒頭でふれたように「斎場」は葬儀の場を表す言葉。なにゆえ、このような忌《い》むべき不吉な文字が当てられているのか、ワタクシもかねてから深い疑問を抱いていたのだが、ものの本によると古語における斎は「いつき」と読み、まことに崇高な意味があったのだそうだ。

広辞苑《こうじえん》で調べてみると確かにその通りで、「斎」という語は、「潔斎して神に仕えること。また、その人」

と、ある。

したがって、斎場御嶽は本来の意味そのままに、「身を浄《きよ》めて神様に仕え、祈りをあげる場」となる。また、セーファという言葉は「最高位」という意味で、つまりは、「琉球で最も権威の高い御嶽」ということになる。

ただし、これほどまでに格式の高い神聖な場であっても、その趣やたたずまいは伊勢神宮のような内地の神社とはおよそほど遠い。というのも、神社につきものの社殿、お堂、祠《ほこら》はいっさい見あたらず、境内と呼べるような空間もないからだ。あるものといえば、深い木立とむき出しになった鍾乳石の巨岩奇岩のみ。要するに建物や人工物は石畳の小径《こみち》以外、何も存在しない。

斎場御嶽にはイビと呼ばれる神域が６つあるのだが、そのイビですら神事に関するそれらしきものといえば、岩の前にすえられた簡素で小さな香炉だけで、背後にはずっしりと押し迫るような樹々《きぎ》と岩だけがある。

沖縄の御嶽について、かつて岡本太郎氏

斎場御嶽の三角岩
photo by Hideyuki Kamon

は、「『何もないこと』の眩暈《めまい》」と表現したが、斎場御嶽はその最たるスポットといっていいだろう。

「森厳」という言葉がある。斎場御嶽の荘厳《そうごん》な森のたたずまいはまさにそのようなおごそかな雰囲気で、この森に入ると、ワタクシのような霊感ゼロ体質人間でさえ、四方に梢《こずえ》をのばして緑を吹きあげる鬱蒼《うっそう》とした樹々やシダ類のむらがりから、盛り上がるような霊気がたちのぼってくる気配を感じてしまう。

まっ、実際はこういう表現すらなまぬるく、この御嶽のありようを的確に説明できていないことに書きながら気づくのだけれど、とにかく、ここの森はただごとではない何かが息吹《いぶ》いているように思えるのだ。

神々は樹々や岩などを伝って天降るのが日本の原始神道《しんとう》の思想だが、斎場御嶽も同様で、神は岩壁を伝ってクバの木を経て香炉へ降りると信じられてきた。いうなれば、斎場御嶽は森全体が神々の憑代《よりしろ》であり、空間全体が神のおわす場として機能していることになる。

「沖縄の自然信仰のありようを知りたければ、文献を調べるよりも、この森に足を運んだほうがよろしい！」

というのがワタクシの持論だが、斎場御嶽にはいまひとつ驚くべき仕掛けが施されている。

御嶽の最奥部にある拝所《ウガンジュ》がそれで、ここでまず目を引くのが拝所へのアプローチとなる通称・三角岩と呼ばれる岩の洞門である。屹立《きつりつ》する岩の高さは10メートルほどあろうか。それほどに大きな岩が巨大な鉈《なた》で真っ二つにたたき割ったように断たれてたがいに寄りかかり、それによって生じた三角形の洞門がトンネルのように口を開けている。

鳥居と同じく洞門は結界、すなわち神域への入口を示すもの。つまり、奥の拝所に詣《もう》でるためには、何ぴとも結界を意味するこの洞門をくぐらねばならなくなっているのだ。仕掛けその１である。

むろん、この造形も人工的なものではなく、約１万５０００年前におこった地震によって断層がずれてできたもの。が、いかにも神の手による造作のようで、この巨岩を目にした太古の人々は大いに畏怖《いふ》したに違いない。

その薄暗い洞門をくぐると、陽光あふれるこぢんまりとした広場にでる。ここは「三庫理《サングーイ》」と呼ばれる拝所で、いわば斎場御嶽の奥の院である。広場は三方が岩壁で囲まれ、東側だけが生い茂る木々の梢や葉で覆われているが、その東方の１か所だけ外界に開かれた窓のように茂みが切れているところがある。

この空間こそ斎場御嶽の核心部というべき場所で、驚くなかれ、そこから渺々《びょうびょう》と広がる真っ青な太平洋と島が見えるのだ。仕掛けその2である。あたかも1枚の絵画を見せられているような気分になるのだが、ただ美しいのではない。この仕掛けにも驚嘆すべき重要な意味が含まれているのだ。なんとなれば、その太平洋の沖に浮かぶ島こそ、琉球の開闢神・アマミキヨが最初に降り立ったとされるあの久高島だからである。

そう、この地点に立ったものは誰しも自然と久高島を遥拝《ようはい》する格好になるというわけだ。いったい誰がこのような場所を発見し、ここを神域と定めたのか。恐るべき演出力というほかないが、とにもかくにも、斎場御嶽と久高島が「聖なる一対」であるとした開闢神話を視覚的に理解するのに、これほどわかりやすいスポットはない。

が、わかりやすいがゆえに、斎場御嶽は利用されやすかった。15世紀に入って第二尚氏が政権を掌握し、三代・尚真王によって中央集権体制が確立されると、斎場御嶽は王家の聞得大君《きこえおおぎみ》が「お新下り《あらお》」と称する即位儀礼を行う祭場となっていくのである。

聞得大君は琉球王府における最高位の神女で、その神職は代々、王妃、王母、王の姉妹が専有した。古今を通じて宗教は民衆を支配するための道具にされてきたが、琉球王朝もその例にもれず、王家の聞得大君を頂点とするピラミッド型の神職組織を体系化したわけだ。これによって各氏族がそれぞれに従えていた各地のノロ（祝女）は官選の高級神女の支配下におかれ、そのトップに君臨する聞得大君は超階級的な特権的地位を確固たるものにしたのである。

その聞得大君を権威付ける最大級のイベントがお新下りで、式典の会場となったのがほかならぬ斎場御嶽だったのである。ちなみに、お新下りは子《ね》の刻（深夜）に始まって夜を徹して行われ、その間、聞得大君は霊力を得るために神と交わり、早朝、三角岩から久高島に昇る太陽を遥拝したとされる。

こうして即位した聞得大君の宗教的権限は、国王の地位を圧しかねないほど圧倒的なものがあったようだ。当時の琉球王朝では、国王であっても天の神である「キミテズリ」の信任を得なくては即位できないとされていたのだが、聞得大君はそのキミテズリの降臨を請《こ》う霊力（降霊術か？）を備えていたというのである。

まさにシャーマンそのもののふるまいだが、彼女はその国王に対しても「キミテズリの百果報事《ももかほうごと》」という統治能力の霊力を高めるための儀式を執り行ったという。なにやら古代の卑弥呼《ひみこ》を連想させるような儀式ではないか。この国王に霊力を与える神事は第二尚氏の初代・尚円王の即位３年後の１４７３年に始まり、七代・尚寧王の１６０７年まで行われたというから、琉球の祭政一致さながらのまつりごとは、徳川幕府が開かれた頃まで連綿と続いていたことになる。

こうして、斎場御嶽が王家直轄《ちょっかつ》の特別な聖域として扱われた結果、庶民は神域に入る手前の「御門口《ウジョーグチ》」までしか立ち入ることができなくなり、御嶽は事実上「禁制地」になってしまう。

ともあれ、この宗教政策によって、斎場御嶽は鎮護国家を目的とした官製の王権祭祀《さいし》の祭場に変転していくのだが、あえてスピリチュアル的な表現をすれば……、「歴代の王は斎場御嶽に降臨する神と交わることで霊力を得た聞得大君によって即位を許され、国家の安泰も彼女の霊力でもって保障された」

ということになる。

その意味で、当時の琉球王朝はまさしく「神霊国家」であった……。

このような国家の成立を可能にしたのは、むろん、神代の時代から人々に崇敬されてきた斎場御嶽の存在があったからで、王家はそのいわば宗廟《そうびょう》の「威光」をわがものとし、大いに利用・発揚することによって、王朝の中央集権体制に強固な基礎を築きあげたのであった。

とまあ、大ざっぱに斎場御嶽の由来を書き連ねてきたが、どうやら斎場御嶽は有史以前から王朝時代を通してただならぬ場所として、その名を馳《は》せていたらしい。前掲した話を総合すると、この御嶽には目に見えない何かの「力」が働いているような印象を受けるのだが、では、翻って現代においてはどのようなことが起きているのだろうか。

先の現市長が『沖縄スタイル26』（枻《えい》出版社刊）で興味深いことを語っているので、引用させてもらうことにする。

「腰が痛くて痛くて、行きは担《かつ》がれて斎場御嶽に入った人が、祈ったと同時に体が軽くなり、自分で歩いて帰ったという話、入ろうとしたら青い光が見えてどうしても中に入ることができなかった人の話、サングーイの中で、ぐるぐると竜巻のようなエネルギーを感じたという人の話……」

にわかに信じがたい証言ではあるが、市長はその根拠として、

「特に、南城市は自然エネルギーが充満した地域。海から、森から、ともにマイナスイオンのエネルギーが溢《あふ》れているんです」

と、科学的見地からみてもこのことは証明されているという。

流行《はや》りの言葉でいうと、これはまさしく「パワースポット」ではないか。であるならば、巷間《こうかん》でいわれるように、斎場御嶽には心身を癒《いや》したり、肉体や精神を浄化したりするエネルギーが集中していることになる。そのエネルギーがどういうものなのか、ワタクシにはまったく見当がつかないが、人によってはプラスではなく、マイナスに

働くケースもあるようだ。

御嶽《ウタキ》に入ると頭痛、嘔吐《おうと》、悪寒《おかん》などの症状に見舞われる人がいることは、すでにふれているが、斎場御嶽もやはりこの手のケースが頻発しているのである。というより、斎場御嶽だからこそその症状も顕著にあらわれると表現したほうがいいのかもしれない。


僕の知り合いの話になるが、彼は御嶽に入ったとたん、何かがのしかかったように肩が重くなってその場に立てなくなるほどのめまいに襲われたという。彼の場合、もともと霊感体質ではなく、他の御嶽ではそのようなことは起きないらしい。

「だからここは別格なんです」

なのだそうな。

ともあれ、このような出来事は斎場御嶽ではもはや日常現象といってよく、それがために、心霊スポッターなどの間では「斎場御嶽は心身がすぐれないときは行かないほうがいい」という警告めいた噂もまことしやかに流れているのだそうだ。ワタクシも同じようなことを霊能者からいわれたことがあるが、その人などは、

「斎場御嶽は沖縄で最高峰というべき神聖な空間です。それだけにパワーが強い。私でさえ畏《おそ》れ多くて入ったことがないのに、修行もしていない素人《しろうと》がむやみに近づくも

のではありません！」

ときっぱりいったものだ。

ところが現実は霊能者の警告とはうらはらの事態となっている。世界遺産に登録されて以降、斎場御嶽は県内きっての観光スポットになり、いまや、大型の観光バスがぞろぞろとのりつけ、全国から観光客が訪れる場所へと変貌《へんぼう》したのである。しかも、2007年7月から、駐車場内に歴史体験施設なる建物がオープンしたことにともなって、大人200円の入場料が課せられることにもなったのだ。

斎場御嶽は大昔から地域の人たちの御願《ウグワン》の場であり、「祈りの場所でお金を取るわけにはいかない」という理由から、これまでお金をとられることはなかった。これは他の御嶽も同様で、沖縄では課金するような御嶽や拝所は皆無といっていい。それが近年、急速に知名度がアップした斎場御嶽はまるで拝観料をとる観光寺院のようになり、いまでは少ない日でも1日約300人が訪れ、ゴールデンウィークなどは駐車場がいっぱいになるほどの「盛況」ぶりをみせるようになっている。

ひっそりと静まりかえっていたかつてのたたずまいは、いまは望むべくもない。というように、祈りの場と商業観光が混在する昨今の斎場御嶽は日に日に俗化の一途を辿《たど》っているのだが、ただし、奇妙な現象の報告はあいかわらず絶えることがない。というより、訪れる人が増えたぶん、よけいに増えているのかもしれない。

とくに多いのがカメラのトラブルで、御嶽内を撮影しようとしても、シャッターがおりないとか、画面が暗くなって被写体が見えなくなるといったことがあいついでいるのである。

実はこの類《たぐ》いのことはワタクシも体験している。仕事柄、カメラマンの撮影に立ち会うことが多く、斎場御嶽も何度かロケに来ているのだが、一度、こういうことがあった。

御嶽の最奥部の三庫裏《サングーイ》で久高島を背景にした写真を撮ろうとしたところ、それまで正常に作動していたカメラのシャッターがなぜかおりなくなったのだ。僕が持参したカメラで試してみたのだが、露出が合わない状態になったときのように動かなくなっていた。が、そのとき、カメラマン氏は少しもあわてず、

「斎場御嶽で撮影するときはこういうトラブルが多いんですよ」

と苦笑しながら平然といったものである。

その人がいうには、斎場御嶽はカメラマン泣かせのいわくつきの場所で、シャッターが切れたときでも、白い光のようなものや、ぼやけた球体が写っていたりすることがあるのだそうだ。なので、斎場御嶽に限らず、御嶽の撮影があるときはカメラを必

ず２台以上もっていくようにしているという。

ほかにも、御嶽内を撮影したときの順序と、現像して返ってきたフィルムの順序が違っていたとか、御嶽だけ真っ白になって何も写っていなかったという話を聞いたことがあるが、これなど物理的にありえないことで、なにが原因なのか判断しようがない。

いわゆる心霊写真のほとんどは空気中のホコリの粒子・水滴などが、太陽光やストロボに反射したか、あるいはカメラの絞りの羽根型が写りこんだ残像ということで説明できるようである。

くだんのカメラマンも、御嶽内の不可解な写真はおそらくそれが原因だろうというのだが、ただし、なにゆえ斎場御嶽にかぎってそんなトラブルが多発しているかは謎《なぞ》としかいいようがない、と首をひねる。そうして、

「本来、神聖な場所にはカメラを持ち込んではいけないのでしょうね。内地でも神社の本殿のご神体や、寺院のご本尊は撮影禁止になっていることが多いようですから。私の場合、撮影するときは撮らせていただきますと、最初に御嶽に手を合わせるようにしてますけど。まあ、それでもシャッターがおりないときがありますから」

というのだが……。

斎場御嶽はいまや訪れる観光客の好奇の目にさらされ続けている。神聖な森や岩も、

敬虔《けいけん》な祈りが捧《ささ》げられてきた拝所も、彼らの携帯電話のカメラやデジカメに撮られ放題に撮られ、それどころか、神域内で飲み食いする人や喫煙する人もいる始末。先日、この項を書くために久しぶりに出向いたのだが、御嶽のあまりの変わりように唖然《あぜん》とし、いたたまれない気分になったものである。

この土地には霊的な由来があり、太古から多くの人が祈りを捧げ、その祈りのエネルギーが集積してきたことだけは事実として存在する。そして、人々の祈りはいまなお続けられ、この御嶽には人智《じんち》の及ぶところではない崇高な何かが宿っていると信じる人がたくさんいる。

いまの世の中、これだけでも十分すぎるほど神秘ではないかと、神の存在に懐疑的なワタクシですらそう感じ入ってしまうのだが、しかしながら、こうまで変わり果ててしまうと、たとえ斎場御嶽が正真正銘のパワースポットであったとしても、そのエネルギーは衰微していくのではないかと思ったりもした。

あるいは、カメラのトラブルなどの不思議な現象は、神の望むところではない事態を招いた人間に対する天からの警告のメッセージかもしれないと、あらぬ想像をめぐらしたりしたのだが、これればかりはいくら考えてもわからないことだ。

ところで……。

聞得大君は斎場御嶽の神から本当に霊力を得ることができたのか？　という点である。

国家の安泰を祈願し、国王の統治能力を高める儀式であるキミテズリの百果報事は１６０７年を最後に行われなくなったが、その２年後の１６０９年に実に示唆《しさ》深い出来事が起きている。

このときの国王は前述したように第二尚氏七代目の尚寧であったが、１６０９年というのは島津氏の侵略によって、琉球王国が薩摩《さつま》藩の支配下におかれた年であった。すなわち、キミテズリの百果報事を執り行ってからわずか2年後に、国家の安泰とは裏腹に、琉球は王国始まって以来の国難に遭遇したわけである。

しかも、尚寧王は2年にわたって薩摩でとらわれの身となり、「子々孫々まで島津氏にそむかない」という証文までとられている。

歴史の流れでみるかぎり、聞得大君の霊力は国家存亡の危機のときに働かなかったばかりか、キミテズリの百果報事を受けた尚寧は悲劇の国王になってしまったのだ。

斎場御嶽の神々は権力者に霊力は与えなかったというべきか、あるいは、霊力の政治利用は許さなかったというべきなのか。ともかくも、以降の琉球王国は事実上、薩摩の属国として屈辱の歴史を刻むことになる。

大山貝塚

「ここは霊域につき、この先に立ち入る方は、命の保証が出来ません」

なんていう立て札があったら、あんたどうする？

いかにもヤバそうな脅し文句だけど、こんなのが宜野湾《ぎのわん》市の「大山貝塚」に立っているというのだ。つまり、先史時代の遺跡がそのまま世にも恐ろしい場所になっているというわけだが、実はこの大山遺跡、「見える人」の間ではかなり前から噂《うわさ》になっていて、インターネット上の関連サイトでも数多くの恐怖体験が語られてきたいわくつきの場所なのである。

というか、怪奇スポットとしての知名度は一般の人の間でもおそらくダントツであろう。なんせ、若者たちの肝試しの聖地として名を馳せるほど著名な場所になっておりますからな。試しに、事務所の相棒に尋ねてみると、

「あのコワイところですよね」

という返事が即座に返ってきた。やはり現地に行ったことがあるそうな。一説に、県内には沖縄本島に限っても、およそ80か所もの心霊スポットがあるとされているが、なかでもこの大山貝塚は一、二を争うほど霊力が強い場所らしく、よほど恐ろしい場所なのか、ここをルポしたＤＶＤまで販売されているという。

それにしても、である。「命の保証が出来ません」とは、あまりに大げさすぎやしないか。こうまであからさまにいわれると、無神論者としては尻込《しりご》みをするわけにはいかぬ。よけいに闘志が湧《わ》いてくるというものだ。と、いうわけで、さっそく命の危険を賭《か》けた心霊生体験ツアーに出かけてみた。

那覇から向かうと、大山貝塚は国道58号、宜野湾警察署をこえて、右手にあるジミー大山店（スーパー）の先を右折し、普天間基地に突き当たる右手にある。心霊スポッターの間では「ジミーの裏手にあるアソコでしょ」との一言で通じてしまうらしいが、道路は途中で行き止まり。問題の霊域は貝塚の奥にあるらしく、途中で車を降りて、さらに徒歩で分け入っていかねばならないようだ。

実のところ、なにか出たら素早く車に駆け込み、素早く車で逃げようと目論《もくろ》んでいただけに、こいつは思わぬ誤算であった。ワタクシ、無神論者であっても肝っ玉はアリよりも小さい。いやだなあと激しく後悔しつつ、斜面の階段を下ったりするうちに普天間基地のフェンスに出くわした。そのスジでは有名な場所だし、誰かいるかなあと期待していたのだけど、真っ昼間にもかかわらず誰とも出会わない。誤算その2である。

気持ちは焦《あせ》るばかりで、そのせいか、背後が妙に気になってくる。かといって、振り返る勇気はないし……。いや～な気分になりながら道なりにさらに下っていくと、木立に囲まれた小さな広場に出た。

そこにはコンクリート製の祠《ほこら》がある。まぎれもなく、拝所《ウガンジュ》である。霊域というのはどうやらこのことを指しているらしい。

ただし、最近、人が拝みに来た気配はなく、例の立て札というか、看板も見あたらない。あらかじめネットで証言を調べていたのだが、それによると、立て札は全部で4枚あるとかで、1枚目には、

「この一帯は、霊域につき、立ち入りを控えて下さい。宜野湾市大山自治会」

と、書かれてあって、歩き進むと、

「この一帯は、霊域につき立ち入りを禁じます。宜野湾市大山自治会」

「ここは霊域につき、この先に立ち入る方は、命の保証が出来ません。宜野湾市大山自治会」

と続いて、さらに進むと、

「もう戻れません。宜野湾市大山自治会」

というような最終警告の立て札を目にすることになるという。

霊については見える人と見えない人がいるし、ワタクシなどは圧倒的に後者のほうだから実物を見るのは難しいとは思っていた。が、立て札は人工物である。しかも、この挑発的な文言が書かれた立て札が次々と現れるというのは、霊がいる、いないは別として、それだけで十分に心にくい仕掛けといっていい。なので、これだけはぜひとも写真に撮りたかったのだが、あたりをいくら探してもそれらしきものはなかった。

むろん、来た道で見落としたはずもない。念のためいっておくと、噂に聞くような苦悶《くもん》に顔をゆがめてたたずむオバァの霊や、追いかけてくる白装束の女、片手に男の生首をぶら下げ、もう片方の手で血のりがべっとりついたカマを持った男の姿も現れなかった。

当たり前ですわな。実際にこんなのを目にしていたら、今頃はどこかの宗教に入ってお祓《はら》いにふける日々を過ごしていたであろうよ。

ついでにいっておくと、頭痛に見舞われたりとか、熱が出たりとか、カメラのシャッターがおりなくなったりとかそういう現象もまったくなかった。

というわけで立て札の捜索は打ち切り。来た道を足早に引き返した。断っておくが足早になったのは、怖かったからではないぞ。まわりが鬱蒼《うっそう》とした薮《やぶ》なので、霊よりもハブが出てくるのが心配だったからだ（ま、少しは怖かったけどね）。

さて……。

帰宅してからネットの情報を詳しく調べてみると、立て札の内容に重大な問題箇所があることが判明した。警告の出所先、すなわち「宜野湾市大山自治会」の部分が、証言者によっては、「宜野湾市役所」、「宜野湾警察署」になっていることがわかったのだ。

なかには、貝塚の中でシンナーを吸っている連中を追い出すために、自治会が仕掛けた苦肉の策という証言もあったが、これとてどうか。そもそも、自治会や役所がこういう物騒な立て札を出すこと自体あってはならないことだし、ましてや警察署が「命の保証が出来ません」などと警告するはずがない。

しかも、である。立て札を見たという証言はくさるほどたくさんあるのに、誰一人として、その立て札や看板の写真を掲載していないのだ。おそらくは根拠のない噂が一人歩きして生まれた都市伝説に違いない。

それより興味深いのは、この拝所が「ユタの修行場」であるという証言だ。ユタをはじめ、ノロやツカサと称される神に仕える神女（＝地域の神事や祭祀《さいし》を執り行う女性）が聖地にこもって修行のような行為をすることは、よく知られている。

ただ、修行といっても、内地の修験道《しゅげんどう》のように滝に打たれたり、山野を跋渉《ばっこ》したりするようなことはなく、どちらかというと拝所で御願《ウグワン》をあげ、神と厳《おごそ》かに向き合うというイメージに近い。彼女たちは一般の人に見られるのを嫌うので、その儀式は「秘儀」といっていいし、修行するときはむろん、結界をはることもあるだろう。

そういうことなら一枚目の「この一帯は、霊域につき、立ち入りを控えて下さい」といったニュアンスの立て札ぐらいはあったとしてもおかしくはない。

あとで知ったことだが、大山貝塚は古くから御嶽や拝所があったところらしい。であれば、伝統的にユタや神女たちがグソーと交信したり、神々に御願を通すような場所であったりしても不思議ではなく、往古から修行場として機能してきた可能性はかなり高いといっていい。

沖縄にはこうした修行場がいくつもあって、北部の安須森《あすむい》、恩納村の富着《ふちゃく》、大山貝塚に隣接している森川公園などはよく知られている。こういう場所は霊力が高いとされるから、若者たちの恰好《かっこう》の肝試しの場となりやすい。となると、必然的に心霊現象的な噂も多くなる。カメラのシャッターがおりなかったり、突然体調がおかしくなったり、何かの気配がしたりするなどの現象がそれだ。

あるいは幽霊を見たというたぐいの話ですな。恩納村の富着は若者の間で3S（スリーエス・名前の由来はS字カーブが3つ続くからとか諸説ある）という名で知られる心霊スポットだが、ここも大山貝塚と同じように白装束の女の幽霊がおっかけてくるといった目撃譚《たん》が絶えない。

ワタクシも3Sに出向いてみたがここはどこから見ても立派な拝所であった。したがって、神女が御願していてもまったく不自然でない。そんな場に妙な噂がたつと、興味本位的な感覚で訪れる若者たちが増える↓神聖な御願の場が荒らされる↓憤《いきどお》った神女やユタが若者たちを叱《しか》りつける↓ときには追いかけることもあったろう↓彼女たちの正装は白装束である↓若者はコワイ話が好き↓ゆえに白装束の神女やユタに追われた話がいつしか幽霊の話とすり替わってしまう――。

さらにいえば、大山貝塚はユタの修行場といわれる森川公園が目と鼻の先にある。しかも、ここは車も入れないくらい草木が鬱然と生い茂って寂しい場所だ。都市伝説が生まれる条件はこわいほど揃《そろ》っている。大山貝塚の目撃譚、すなわち、白装束の女の幽霊も存外、こんなところが発祥の根拠ではあるまいか。

ところで……。

ものの本によると、その昔ここらは風葬で人を弔ったところでもあるらしい。風葬の場ということになると、あたり一帯は死体が野ざらしにされた場所だったことになる。

つーことはである。若者諸君！　不謹慎きわまりないことに、あんたたちはもともと墓場だったところを肝試しの場にして歩き回っていたことになるのだよ。心霊現象がマジで起こっているとするなら、そのあたりに根拠を求めるべきではないかと思うのだけれど、いかがかな、若者たちよ。

七つ墓

那覇、久茂地川《くもじがわ》にかかる美栄橋《みえばし》のたもとにある駄菓子屋の戸を、叩《たた》くものがいる。

(日も暮れたというのにだれだろう)

老婆《ろうば》が出てみると、やせこけて顔の青白い若い女が立っていて、

「マチバー小（お菓子の名前）下さい」

と、か細い声でいう。

老婆がお菓子を渡すと、女は一厘《りん》銭をいくつか差し出して静かに去っていった。

店じまいを終えた老婆はその日の売り上げをかぞえようと、お金を入れておいた竹筒をのぞいた。すると、一厘銭に混じってウチカビ（あの世のお金）の紙銭が入っている。

(どうしてこんなものが入っているのだろう……)

老婆は不思議に思ったものの、大して気にはとめなかった。

翌日の夜、あの若い女がまた店にやってきて、マチバー小を買うと一厘銭を置いて帰っていった。その日もお金を入れてある竹筒の中にウチカビが入っている。

次の日も次の日も女がマチバー小を買いに来る。そのたびに、ウチカビが入っているので、老婆はいよいよ気味が悪くなってきた。そこで一計をめぐらし、次の日は女が支払った一厘銭を横にはねておいた。するとどうだ。女の姿が見えなくなると、一厘銭はやはりウチカビに変わっているではないか。

（これは幽霊か魔物の仕業に違いない）

そう確信した老婆はこの出来事を近所の若者たちに話し聞かせ、翌日、彼らといっしょに女をつけて行った。

女をつけると美栄橋を渡ったところにある小高い丘のほうへ歩いていく。その丘は通称「七つ墓」といって、横腹に七つのお墓が彫り込まれているのだが、女はそのなかのひとつに吸い込まれるように消えていった。

老婆や若者たちはぞっとしたが、勇気を出して墓の中をのぞくことにした。

先にのぞき込んだ若者の一人が叫び声をあげ、老婆も「あ、わわ」とのけぞった。

そこにはなんと……。

さて、老婆たちはいったい何をみたというのか？　なにやらじらすようで申し訳ないが、実のところ、女がすっと姿を消したというお墓は現存している。このあたりは、現・沖映通りと久茂地川が交差する手前付近になる。

那覇の市史を紹介しているサイトによると、

「この辺は長虹堤《ちょうこうてい》（著者註・１４５１年に完成した現在の松山付近から崇元寺に至る海中道路）のすぐそばなので元海岸線です。ここから58号側はほとんど海でした。海岸線の岩が多く土が薄い所の常として周囲は元墓地が多い所です。緑が丘公園、パラダイス通り、国際通りにかけては緩やかな丘陵になってますが墓地地帯でした。いまでも残された所々にお墓があります」（『グダグダ真和志史』）

とあり、七つ墓はモノレール美栄橋駅の東側にある標高20メートルほどの小さな丘がそれにあたる。ちょうど高良楽器の斜め向かい付近になるが、このあたりはその昔、人気のない寂しい墓場だったというわけだ。

で、くだんの七つ墓で老婆たちが目にしたものはというと――、

墓の中には壊れた棺桶《かんおけ》と例の若い女の死体、そして生まれ落ちた赤子の死体が横たわっていて、その赤子の周りには女性が買いにきたお菓子が散乱していたのだった。

女は大病を患《わずら》って亡《な》くなったのだが、そのとき妊娠していて、臨月の状態で葬《ほうむ》られ

てしまう。ところが、彼女は墓の中で息を吹き返したので、棺を壊して墓の中で赤子を産み落としたのだった。

ほどなくして女は力尽き果てて死んでしまうのだが、赤ん坊はなお生きていた。

（哀れな我が子になにか食べさせることはできまいか……）

死んでなお母親としての一念が残り、女はついに幽霊となり、老婆の店へお菓子を買い求めにきたのであった――。

母の愛は死んでも強し、というお話だが、実はこれに似た伝承は日本各地にあって、沖縄の読谷村《よみたんそん》にも同様の民話が伝わっている。上方では落語のネタにもなっているし、京都には幽霊に飴《あめ》を売ったとされる人の子孫が、その名も「幽霊子育飴」という飴屋の看板を出して現在も営業している。ちなみにその飴、東京では新宿伊勢丹で売っているそうな。

それはさておき、物語のオリジナルはどこにあるかというと、もともとは中国・南宋の洪邁《こうまい》が編纂《へんさん》した『夷堅志《いけんし》』の中にあるらしい。それが日本に翻案されて各地に広まったようだが、この物語を有名にしたのは、ラフカディオ・ハーン、すなわち、小泉八雲の「飴を買う女」である。

松江の大雄寺というお寺を舞台にしたその怪談は、七つ墓とは細部が異なっているものの、女を軸とした物語の展開はほぼ同じといっていい。母親の子を思いやる気持ちを題材とした話は雪国であろうと、亜熱帯の南国であろうと、地域を選ばないようだ。幽霊となって墓の中でも赤ん坊を育てるという強い母性愛はやはり普遍的な説得力があるのだろう。

ところで、七つ墓の女幽霊はいまどうなっているかというと、時代を超えて現代もなお出没している。

といっても、これは「十貫瀬の七つの墓」という琉球《りゅうきゅう》芝居の中での話。物語は遊び人の奸計《かんけい》に陥って殺害された女が、亡霊となって赤子を救い出して悪人を討つというもの。最後は亡霊の母に育てられた子が流刑《るけい》にされた父に会いにいくという場面もあって、いかにも芝居らしく脚色されている。ついでながら、水木しげるの「ゲゲゲの鬼太郎」はこの女の幽霊の子供という設定になっていて、鬼太郎にお母さんがいないのはそういう理由からなのだそうだ。

実はこの七つ墓、自宅から至近のところにあるので、その前をよく通るのだが、立ち寄る人はあまりおらず、物語ほどにはその存在は知られていないようだ。幽霊でも出れば脚光を浴びるのだろうが、女は赤ん坊が救出されたことに安堵《あんど》して成仏《じょうぶつ》できたのか、地縛霊となって現れるといった話はまったく聞かない。

ただ、沖映通りから美栄橋界隈にかけては「土地が障《さわ》っている」というようなことは耳にしたことはある。どういうことかというと、モノレールの駅から直近の利便性の高い土地でありながら、商売をする店がなぜかうまくいかないというのだ。

確かにいわれてみればその通りで、ある意味、このあたりはゴーストタウンのような印象を受ける。というのも、駅の周辺は一郭を除いて、どんな飲食店が入っても長続きしないし、沖映通りに面した大型の商業ビルも1階はシャッターがおりたままになって久しい。

とりわけ、七つ墓のすぐ横手にあったダイエーはその典型的な例といっていい。かつては商店街の中核店舗として圧倒的な存在感を示し、人の流れが一変したとまでいわれたのに、２０００年に入ってからは業績が悪化。売り上げ回復が見込めないとの理由により、２００５年についに閉店となった。そしてその建物は3年半にもわたって空いたままという状態が続き、それと軌を一にするように、周辺の飲食店やショップもオープンしては閉店という、まさに魔の連鎖が繰り返されてきたのだった。

「もともとお墓が多かったから」といったことがまことしやかにささやかれたが、むろん、これは根も葉もない噂にすぎない。しかし、土地に異様なことが続くと、人はその根拠を土地の過去に求めたがるものだ。事実、沖映通りは那覇のメインストリートである国際通りに直結した好立地な商業地にもかかわらず、異常といっておかしくないほど閑散としている。

土地の祟《たた》りというものが本当にあるのかどうかしらないが、ともかくも、沖映通りはそうとしか考えられない幾多の事例があった商店街であることは確かだ。

しかし、そんな妙な空気を吹き飛ばすようなことも起こっている。２００９年の４月になって、蔵書数１３０万冊という日本最大級の大型書店、「ジュンク堂」が元ダイエーの入っていた建物に入店。オープン当初はレジ待ち1時間という珍現象が起こったほどの繁盛《はんじょう》ぶりで、沖映通り活性化の起爆剤になるのではと熱く期待されている。

おそらく本書も並ぶはずなので、ワタクシとしては土地が障っているとか、祟っているなどという異説など、こっぱみじんに粉砕してもらいたいのだが、ここにきて今度は七つ墓のほうに妙な動きが出ている。

墓地整備のためにこの土地を改葬するという公告が出されたのだ。現場にはその旨《むね》を書いた看板しか立っていないので詳しいことはわからない。また、改葬が何を意味するのかも不明。ただ、丘の一部が削り取られていることから、もしかすると、土地整備計画の一環で七つ墓そのものをどうにかしてしまうおそれもなきにしもあらず。

なにしろ、どこもかしこも破壊してしまう近年の那覇の再開発ぶりは目を覆《おお》いたくなるものがありますからな。

先にふれたように、七つ墓は芝居の舞台になるほどの由緒《ゆいしょ》ある「遺跡」である。歴史遺産として大事に扱うべきだし、もとよりここは供養《くよう》の場であった。そんな神聖な土地を殺すに等しい事態が起これば、いまは鳴りを潜めている女の幽霊も黙っていないかもしれない。

とにもかくにも、懸念《けねん》していることが杞憂《きゆう》であってほしいと祈るばかりだ。

久《く》高島《だかじま》

ガッシャンッ！

（わっ？　なんだなんだ？　どうした？）

僕の真横に止めてあったレンタサイクルが倒れた音だった。

（そんなばかな……）

と、即座に思ったのにはワケがある。風もないのに、自転車がひとりでに倒れたからだ。ということは、もしかして、神の怒りにふれた？　と、思った瞬間、みんなの背筋が同時に寒くなった――。


その日の昼下がり……。

僕は久しぶりに来沖した美女、神奈川県在住のK女史と連れだって久高島に出かけた。彼女とはいつも食べ歩きしかしていなかったので、たまには近場の離島に行ってみないかと誘ったのだった。

那覇に近い離島で、午後からでも日帰りできる島といえば久高島がいちばん手っ取り早い。知念村の安座真《あざま》港から高速船とフェリーが交互に1日6便出ていて、所要時間はわずか15分。レンタサイクルで1時間もあれば回れてしまうほどの小島である。斎場御嶽《セーファウタキ》（192ページ参照）のところでも少しふれているが、久高島は琉球の創世神にして女神であるアマミキヨが最初に降り立った場所であり、五穀が最初にもたらされた島でもある。その由緒から古来、神の島と呼ばれていたことは周知の通り。そう、この島は沖縄の人たちにとって、先祖の魂が宿る場所というべき存在になっているのだ。

また、近年のスピリチュアルブームにのって、島を訪れる内地の霊能者やヒーラーも激増、久高島の「聖なる島」というイメージは全国区化しつつあるようだ。

僕もこの島には何度か足を踏み入れているが、他の島と比べるとたしかに空気が違っている。沖縄の島というと、トロピカルな印象があるけれど、久高島はそのような南国特有のスコーンと抜けたような明るさはない。かといって、暗いわけではないし、住民も親切で温厚な人々ばかりなのだが、誤解をおそれずいうのなら、島の雰囲気というか空気そのものがなんとなく不気味なのだ。

事実、この島にはそんな気分にならざるをえない「掟《おきて》」があって、入島者は誰しもその決まりを遵守《じゅんしゅ》することが、いわば不文律の慣習になっている。たとえば、久高島振興会が運営しているホームページの「島に来る前に」という項目にはこう書かれている。

「集落より北の西海岸沿いには葬所があります。この島では魂と肉体（死）ははっきりと区別されます。魂はニライカナイに行き、肉体は西の海岸沿いにある葬所に葬られます。そして、葬所へはほとんどお参りしません。むしろ、穢《けが》れとして忌《い》み嫌います。夜は特に注意」

ふふふ、どうです。なにやら不気味な気配がするでしょうが。

神の島らしく御嶽や拝所《ウガンジュ》も、むろんあちこちにあるのだが、人間と神の住み分けがされているのも久高島の特徴で、この島では人は南端のごく一部の限られたエリアでしか暮らしていない。耕作地を除けば、そこから北側の大部分が神々の領域とされているのだ。

そのなかにはクボー御嶽のように男性の立ち入りを厳格に禁じた聖域もあり、ひと言でいえば、人々はいまなお上古時代と変わらぬ生活を守り続けているといっていい。ゆえに人の暮らしも祭祀《さいし》を中心に営まれ、年中行事の数も半端《はんぱ》ではない。久高島の名を一躍有名にした女が神になる儀式・イザイホーは過疎《かそ》化のために1978年を最後に途絶えているものの、それでも年間二十数回に及ぶ祭祀が執り行われている。

そのお祭りの日になると、島外者は神の領域である島内北部への立ち入りが禁止されることもあるのだが、祭祀は日にちが決まっていないものもあって、その日取りをいつにするのかは、神様に聞いて神女が決めるという。

また、壬《みずのえ》・癸《みずのと》の日の早朝は、不吉の暗示である「タティマンヌワカグラー」という2頭の白い馬の姿をした神様が島を駆け回るという理由から、外出を控えるといった習慣がいまなお残っていたりもする。

というように、伝説と禁忌が支配するこの久高島は神に祈り、神を畏《おそ》れ、神に感謝するという古代のシャーマニズムの原型が生きているのだ。それゆえ、一種独特の雰囲気が漂っているのだが、島巡りの目玉は、琉球の七大御嶽の一つであるクボー御嶽ということになる。

というわけで、定刻通りに久高島の徳仁《とくじん》港に到着した僕とK女史は港から歩いてすぐのレンタサイクルショップへ乗り込んだ。と、ここで異変が起こったのである。

同じように自転車をレンタルしにきた妙齢の女性に、

「もしかして仲村さんですか」

と、声をかけられたのであった。

異変というのはほかでもない。ワタクシ、掘っ立て小屋を解体したような怪しい容《よう》貌《ぼう》ゆえ、警官に職務質問されることはあっても、女性からお声がかかることはないところがだ。ここのところ久高島に足を運ぶたびに、2度連続で女性に声をかけられていたのである。

その人たちは知己の間柄だったのだが、那覇でもめったに会わない人ばかり。それが年に1度行くかどうかの久高島で、数年ぶりにひょいと再会をはたすものだから、そのたびに奇妙な気分になっていたのだが、とにもかくにも、二度あることが三度起こったというわけだ。

ただし、今回の女性は初対面である。聞けば、Yさんという愛媛県在住のひとり旅の人で、

「仲村さんの本の愛読者です。実は昨日もちょうど読んでいたんですよ。そうしたら、ご本人が目の前にいらっしゃるものだから、びっくりしちゃって。本当に驚きました」

とのことだそうな。こちらもまさか久高島で読者とお会いするとはびっくりである。

ということならば、旅は道連れ世は情というわけで、

「では3人いっしょに島巡りとまいりましょう」

と、あいなったのであった。

このことを久高島の神々が巡り合わせた出来事とするか、単なる偶然とかたづけるかで、その人の向かうべき人生の方向はずいぶん変わってくるわけだが、彼女のお名前を伺うと、あらま、今度はＫ女史がびっくり。なんと下の名前がＫ女史と漢字まで同じであった。これも、偶然にしてはできすぎではないか。

時、３月。まさしく春の珍事が一瞬の間に立て続けに起こってしまったのだが、久高島にはこの手の不思議なことがわんさとあるらしい。

たとえば、10年間も音信不通だった元同僚と久高島でばったり会ったりとか、消息不明だった肉親と久高島に渡る船で再会したりといったドラマチックな再会劇にまつわる話はたびたび耳にするし、スナップ写真にオーラのようなものが写っていたなどの心霊現象的な話も枚挙にいとまがない。あるいは、突然どこからか蝶々《ちょうちょう》がひらひら飛んできて、まるで神の使いのようにクボー御嶽の入り口まで案内してくれたという話もよく聞いたりする話だ（犬のバージョンもある）。

あるシャーマンから「久高島は自然界のエネルギーの波動と人間の心の波動が共振する場所」というような話を聞いたことがあるが、久高島は島全体が聖域で、島にある全《すべ》てのものがある種のエネルギーを放っているのだそうだ。それが癒《いや》しの効果をもたらしたり、不思議な出来事を誘発したりする要因になっているというのだが、人によってはマイナスに作用することもあるらしい。

そのため、石や植物を島から持ち出してはいけないというのが久高島でのひとつの決まりになっていて、久高島振興会のホームページでも、

「持ち帰ってから悪いことが続き、わざわざ戻しに来たという人が多いのです」

と、島にあるものを持ち帰らないよう島外者に呼びかけている。

こうまでなるとまさに不思議の島というほかないが、この島においては天気にまで奇妙な作用がはたらくようで、僕の知り合いの霊能者も不思議な体験をしている。

その霊能者は久高島に御嶽参りにきたのだが、あいにくの雨。ところが、御嶽に入って御願《ウグワン》を立てようとするとなぜかピタリと雨がやみ、なんと自分の周りだけ日が差したという。そして、これが行く先々の御嶽で何度も続いたのだそうだ。

このことについてはK女史に船の中であらかじめ伝えていたのだけれど、わが一行の場合も、島の北端のカベール岬まできたところで、はたして冷たいものが落ち始めた。

「さっきの話じゃないけど、雨が降ってきちゃったね」

薄墨を流したような空を眺めながらK女史は自転車のスタンドを立てた。

海はやや荒れ気味で、波が押し寄せるたびに、いきおいよく潮が噴き上がる。雨はやむ気配がなく、みるみる岩礁《がんしょう》の原っぱを濡《ぬ》らしていった。

カベールとは神の原という意味。その名の通り、この岬の原っぱこそアマミキヨが降り立ったというその場所にあたり、われわれがいま通過してきた道を通って、琉球が誕生したとされる。つまり、われわれはその琉球の「産道」で雨に見舞われたというわけだ。こいつはもしかして、神様に歓迎されていないということなのか。

めいりそうな気分になりながら岬をあとにして、一路、クボー御嶽に向かう。

横手から交差する道を何本か通り越して、農道のような道をひたすら南下していく。雨脚はそれほど強くはないが、前方は霧雨に煙っている。10分ほど自転車を走らせると、道の右手に案内板が立っていた。「クボーウタキ」とある。

クボーまたはフボー御嶽と呼ばれるこの聖域は、繰り返すようだが男子禁制。琉球の信仰では神に仕えることができるのは女だけに限られている。女はより神に近く、霊威も高いとされているからだ。

クボーとはクバの木のことで、御嶽は神が降臨する場。したがって、ここは「神の鎮《しず》まるクバの森」といった意味になろうか。その名の通り、御嶽はクバの深い木立に囲まれている。1か所だけクバの森がぽっかり切れているところがあって、そこが入り口というわけだ。

われわれはその入り口のすぐ脇《わき》に自転車を止めた。K女史とYさんはおそるおそる中をのぞいている。鬱蒼《うっそう》とした茂みの中に、アプローチのような小径《こみち》がつけられ、外から見えるのはそこまでだ。

入り口からすぐのところに、小径を隔つように石が横向きで盛られている。おそらくここが結界で、そこから先が男子禁制の森というわけだろう。

なればこそ、その先はどうなっているか知りたくなるが、10年ほど前にきたときに、同行した女性が中に入っている。径の先は広場になっていて、これといって目立つようなものはなかったそうだ。

実はその御嶽の写真が岡本太郎の記した『沖縄文化論―忘れられた日本』（中央公論新社刊）に掲載されている。そこを描写した記述にはこうある。

――気をぬかれた。沖縄本島でも八重山でも、御嶽はいろいろと見たけれど、何もないったって、そのなさ加減。このくらいさっぱりしたのはなかった。クバやマーニ（くろつぐ）がバサバサ茂っているけれど、とりたてて目につく神木らしいものもなし、神秘としてひっかかってくるものは何一つない。――

岡本はこの衝撃的な光景を目《ま》の当たりにして、かの有名な「『何もないこと』の眩暈《めまい》」という言葉を残すのだが、この取材旅行は１９５９年のこと。当時は地元の人たちもまだ外部者を受け入れていたのである。そして、それから7年後の１９６６年の12月に、彼はもう一度、久高島を訪れた。

その年はイザイホーが最後になるかもしれないということで、秘祭の場に多数のメディア関係者が入ったのだった。が、このあとに事件が起こる。

当時、久高島は日本最後の風葬の島として注目されていたのだが、このとき岡本に同行していたカメラマンが風葬されていた死者の写真を撮影し、これが雑誌に掲載されたのだった。島の人たちは死者の尊厳を踏みにじる行為として大きなショックを受け、以降、島の葬送は土葬と火葬に転換されていくことになる。

そんな話を思いだした直後、突如として雨があがった。

（おお、神様は歓迎しておられるのかも……）

と、ホッとした矢先のことだった。

あたりの静謐《せいひつ》さを蹴破《けやぶ》るかのように、自転車が倒れる音が大きく轟《とどろ》いたのであった。と、同時に、そのとき石の結界のところにいたK女史が飛び出てきた。倒れた自転車はK女史がのっていたものだった。

というわけで、ここで、話は冒頭の記述に戻るのである。

実のところ、僕はたいへんな間違いをおかしていた。御嶽の入り口の前に立てかけられた立て看板に、「神代の心と人々の安寧を願い、出入りはお控えください」と書かれていたのに、僕はこれをてっきり男に向けて書かれた看板だと思いこんでいたのだ。きちんと読めば理解できるけれど、なんとこのクボー御嶽、いつの頃からか、男のみならず、島外者は女性もふくめて完全な立ち入り禁止区域になっていたのだった。しかし、そうとは知らず、僕は「せっかくだから入ってみたら」と、K女史に御嶽に入るよう勧めてしまっていたのだ。

さいわい、彼女は結界のところまでしか入っていなかったので、禁忌をおかしてはいなかったのだが、つまりは、絶妙のタイミングで彼女の自転車がひとりでに倒れたというわけだ。

神の怒りにふれた、と、3人が3人とも思ったのも当然である。

まあ、これも偶然といえば偶然で片づけられる出来事なのだが、K女史いわく、「最初に止めたところは足場がよくなさそうだったので、わざわざ地面の固いところに止めなおしたのに」

とのこと。確かに、自転車は倒れるはずのない場所で倒れたとしかいえなかった。

そうして、訝《いぶか》りながら自転車を起こしたとたん、今度は彼女の叫び声が周囲の静けさを破った。

驚くのも無理はない。起こしあげた自転車のカゴに、なんと、体長10センチほどのトカゲが入っていたからだ。

トカゲは自転車が倒れた一瞬の間にカゴの中にまぎれこんだようであった。トカゲは逃げるようすもなく、長い舌をペロペロ出して、なにやら妙に落ち着きはらっている。

「もしかして神の使い？」

と、Ｙさん。

「神様の使いが御嶽に入ってはいけないと警告しているのかも」

トカゲを逃がしながら、ふと頭をよぎったことが僕の口をついてでた。

クボー御嶽の霊威は斎場御嶽とならんで、沖縄でも最高レベルとの評がある。そのせいか、御嶽の数メートル先から強い霊気を感じ、近寄らない人もいるという。が、僕にはそのような霊的能力はない。なので、神がわざわざトカゲを使わして、女性も立ち入り禁止になったことを教えてくれた――。

と、ここは強引かつ謙虚に解釈しておくのが無難なのかもしれない。

Ｋ女史が御嶽の前で手を合わせて拝んだのはいうまでもない。

というわけで、摩訶《まか》不思議な久高島旅行だったのだが、あとから、Yさんの職業を聞いて驚いた。なんと、彼女はヒーリング能力の持ち主で、いわゆるヒーラーだったのだ。ということはスピリチュアルな感性の鋭い人ということになる。思い起こしてみれば、彼女は最初から御嶽には近づこうとはしなかった。あるいは、もしかすると何かを感じていたのか……。

数日後、そのYさんからの手紙が届いた。久高島の海岸で撮ってくれたスナップ写真を送ってくれたのである。

手紙の最後の一文はこう結ばれていた。

「本当に本当に仲村さんにお会いできたことがミラクルです！　おきなわの神様に本当に感謝です」

ちなみにその奇跡の島でいっしょに撮った写真には怪しげなものは写っていなかった。念のため。

識名坂《しきなざか》

「夜中にあの坂はあまり通りたくないけどねぇ」

タクシーの運転手がつぶやくようにそういったことがある。

友人と飲んだ帰り、車が首里の金城《きんじょう》ダムを過ぎ、安里川《あさとがわ》にかかる金城橋の手前にさしかかったときのことだ。橋を左折すると、その先、道は識名坂と呼ばれる登り道となる。この道、王朝時代は首里城から王家の別邸・「識名園」、島尻《しまじり》（沖縄本島南部）に続く交通の要路とされていたが、いまでも首里城から識名方面に出る道のなかでは最短路になっている。

しかし、いまではこの坂道を敬遠するドライバーが多い。なぜなら、識名坂は車があとずさりするのではないかと思えるほどの急勾配《こうばい》の道で、しかも、登りと下りの車が途中で出くわすと、場所によってはどちらかがバックしないと通れなくなるくらい道幅が狭くなっているからである。

なので、昼間でも識名坂を避けて迂回《うかい》する車が多いのだが、見通しがさらにわるくなる夜はなおさらということになる。だがその夜、タクシーの運転手がいやがったのは急坂だけが理由ではなかったのである。初老の運転手はこういったものだ。

「あそこは、遺念火が出るというからねぇ。実際に見たことはないけど、夜中はやっぱり気持ち悪いよ」

遺念火とはいわゆる人魂のことで、沖縄では心中など、おもに浮かばれない男女の霊魂が人魂となって現れることをそのように呼んでいる。そう、識名坂はその遺念火が飛ぶ場所としてもよく知られているのだ。

伝承は諸説あるが、よく語られているのは識名坂の上で暮らしていた仲のよい豆腐屋の夫婦の話である。それによると、豆腐屋の妻はたいへんな美人で、いつも金城橋を通って豆腐を売り歩いていたという。

ところが、同じ村に住む士族の放蕩《ほうとう》息子がこの嫁に横恋慕し、ある日の夕方、橋のたもとで豆腐屋の嫁を待ち受け、女の姿を見るやいなや、いい寄った。

しかし、豆腐屋の妻はまったく相手にしなかった。面子《メンツ》を傷つけられて逆上した男は、周りに人がいないのをよいことに手籠《てご》めにしようとする。女は必死で抵抗するも力尽き、ついには、かんざしを抜いて自分の喉《のど》を突いて死んでしまった。

予想もしない出来事に震えおののいた男は死んだ女を物陰に隠そうとするが、ちょうどその遺体を引きずっているところを亭主に見られてしまう。亭主は妻と連れだって家に帰るつもりだったのだ。

事態を知って猛《たけ》り狂った亭主は男ともみ合いの格闘になるが、逆に男に首を絞め上げられて殺されてしまう。それからのこと、識名坂には夜ごと、男女2つの遺念火が連れ立って現れるようになった――。

那覇では知らぬものはいないといわれるほど有名な物語だが、実はこの話、伝説レベルの怪奇譚《たん》ではなく、「本当にあった怖い話」として語り継がれてきたといったらどうする？

どういうことかというと、戦前まではお盆になると、遺念火をひと目拝もうと、識名坂に見物人が繰り出したというのだ。

戦前といえばついこの前のことで、世代でいえば、僕の親の時代にあたる。試しに両親に聞いたところ、見物にはいかなかったが、識名坂に遺念火が出るという噂《うわさ》は知っていたとのこと。両親は那覇とは縁もゆかりもない沖縄本島の中部の出身である。それでも知っていたということは、これがそうとうに知名度の高い話として広まっていたといっていいのではないか。

なにゆえこれほどまで知られていたかについてはひとつの推論が成り立つ。沖縄大百科事典によると、実はこの怪談は１９０９年（明治42年）の９月に琉球芝居の劇団、球陽座でその名も「識名坂の遺念火」と銘打って上演されたという。しかも、その後も歌劇や方言セリフ劇として上演されたのち、再び歌劇に改作・上演されるうちに定番劇として定着したというのである。

つまり、両親の世代はこの人気芝居を媒介として識名坂の遺念火のことを知った可能性が高く、それが口伝えで人々の間に広まるうちに、あたかも実話であるかのように流布《るふ》され、人魂見物が出るほどに都市伝説化していったとも考えられるのだ。なにしろ、識名坂や金城橋は実在の地名である。しかも娯楽の少ない時代であるから、口伝される過程で、「人魂を実際に見た」あるいは「見たあの芝居は実話らしい」という話にすり替わった可能性はきわめて高いといっていい。

ただし、伝承と芝居とどちらが先かというと、舞台となった時代は明治以前の王朝時代の出来事で、あくまで伝承のほうが先らしい。そうなると、伝承の元が実話であった可能性も否定できなくなる。人魂の正体はプラズマという説をかの大槻義彦教授は力説しておられるようだが、発光源がリンであれプラズマであれ、発光する条件がなぜ自然界で作られるか科学的に証明されていない以上、眉唾《まゆつば》と断じることはできないからだ。

　ま、そうはいっても、実際に識名坂で遺念火を見たという証言はまだ聞いたことがないのだが、この手のケースは実物と出くわすよりも、そういうものを見たことのない人が「もしかして今夜は見るかもしれない」と、漠とした不安に包まれている段階のほうがよほど怖いように思える。前述したように、科学的に解釈可能とはいえない以上、そのうち見てしまうおそれは誰しもゼロとはいえませんからな。

　そのことを前提にすると、深夜勤務が多くて、辺鄙《へんぴ》な場所に客を乗せて行くこともあるタクシーの運転手は、不吉な予感に最もおそわれやすい職業といえるではないか。「若い女を乗せたところ、目的地に着いたらその女が消え、シートがぐっしょり濡れていた」などというタクシー定番の怪談があるけれど、こういうことがいつ起きてもおかしくない環境条件があの乗り物にはある。

　ましてや、識名坂は遺念火を見るために見物人が繰り出したという「履歴」のある心霊スポットである。幽霊の存在を信じないタクシードライバーであっても、冒頭の運転手のように深夜の識名坂を通るというのは、やはりいい気持ちはしないに違いない。

　話のついでにこの識名坂に関連した怪異譚を紹介すると――、
　いまから数年前のある夏の日。那覇のタクシー会社に勤務する比嘉浩一運転手（当時46歳）がめっきり人通りの少なくなった深夜の街を流していた。

この日は日暮れの頃からしとしとと糠雨《ぬかあめ》が降り出し、午前2時を過ぎてもやまなかった。ひめゆり通りを走らせていた比嘉さんは与儀《よぎ》公園を左折し、寄宮《よりみや》方面に向かった。公園を左折するとすぐに県立那覇病院が見える。と、その向かいにある市民会館前でいかにも弱々しげに手を挙げている女性がいた。こんな遅くに、しかも病院の向かいでタクシーをとめるとは気味が悪いなと、比嘉さんは思ったという。

傘を閉じながら車に乗り込んだ女は髪の毛が長く、20代後半ぐらいに見えた。

行き先を聞くと、

「識名霊園を通って識名坂に行って下さい」

と、女はか細い声でつぶやくようにいった。

「それだと遠回りになりますよ。識名の十字路から入ったほうが早いですが」

わざわざ墓場を経由しろとは妙なことをいうと比嘉さんは訝しんだが、女は、

「霊園の前で人が待っているので拾ってほしいのです」

と、背筋がぞっとするようなことをいった。

比嘉さんはますますいやな気分になったので、しばらくは自分からポツポツと会話をもちかけたのだが、女は押し黙っているので、それも途絶えがちになった。

車はやがて識名霊園にさしかかった。人気はまったくなく、あたりはダムの底のように静まりかえっている。ヘッドライトで照らされた道路の両サイドには、沖縄独特の屋根付きの破風墓《はふうばか》がびっしりと並び、いつしか墓場の中を走っているような景色になった。と、そのとき女が突然、声をかけた。

「車をとめてください」

停車させてドアを開けたが、あたりは夜陰が濃く、人がいる気配はない。

（ここで待ち合わせですか？）

女に尋ねようとルームミラーを覗《のぞ》いたとき、比嘉さんは思わず叫びそうになった。女の隣に、いつのまにか若い男が座っていたのである。白のノーネクタイのワイシャツに、紺のスラックス。特にどうということもない服装だが、男の顔色は死相が浮かんだようにどす黒く、異常なまでに頬の肉がそげ落ちている。

比嘉さんは体じゅうから冷や汗が噴き出すのを感じた。

「行ってください」

女が急《せ》かすようにいった。

気が遠くなりそうな意識を必死で押しとどめながら、比嘉さんはアクセルを踏んだ。

後部座席の２人はひと言の会話も交わさない。比嘉さんはそのときのことをこう語っている。

「後部座席が気になるのですが、よくある怪談のように、もし誰もいなかったらと思うと……、ルームミラーを見る勇気はなかったです。それで、識名坂に飛ばすようにして向かったのですが、坂の入り口に着いても無言なので、たまらずに振り返ったのです。その瞬間、いやもう、頭から水をかぶった感じになって、思わず声をあげました」

後部座席にいるはずの2人の姿が影も形もなく消えていたのだ。で、ハッとしてリアウィンドウを見ると、

「ガラス越しに、なんと、2つの人魂がふわふわと浮かんでいるのが見えたんですよ。もう喉がしめつけられるようになって。ああいうときは、声も出ないものなんですね。で、あわてて車を急発進させて識名坂を下ったのですが、ふと、右側のバックミラーを見ると、あの男女の生首のようなものが映っているんです。そう、車に首がついてくるんですよ。その首の目がですね、なにかを訴えるような感じで、私のほうをじっと見つめていましてね……」

足の震えがとまらなくなり、ハンドルを握る手もかたかたと震えだした比嘉さんは、無我夢中で車を走らせ、どこをどう通ったのかわからぬまま、身を投げるようにして営業所に駆け込んだ——。

という、身の毛のよだつ現代版「識名坂の遺念火」は真っ赤なウソ、すべてワタクシの作り話である。しかし、識名坂には識名霊園という広大な墓場が隣接してあることだけは事実。しかもそのおびただしい数の墓は、道路沿いに何の遮蔽物《しゃへいぶつ》もなく外界にむき出しの状態で延々と続いている。

もし、僕がタクシーの運転手になったとして、草木も眠る丑《うし》三つ時に、「識名坂に行ってください」といわれたとしたら……。とても、そんな客を乗せる勇気はありませぬ。

あとがきにかえて

「お父様がご家族のことをずいぶん気に病んでおられるようです。もしかして、なにかありましたか」

２００８年11月18日の昼下がり、知り合いの女性から数か月ぶりに電話がかかってきた。彼女によると、昨夜から何度も僕の父が夢の中に現れ、しきりに家族のことを案じていたという。

それがよほど気になったらしく、僕に連絡をよこしたのであった。その日は末期の肝臓ガンで入院していた父が昏睡《こんすい》状態に陥った日で、主治医から「もって今日いっぱい」と宣告された矢先の電話だった。

彼女は本書にも登場する霊感の強いといわれる人であるが、父が入院していることは伝えていなかった。なので、むろんそのとき父が危篤《きとく》になっていることは知らない。

亡《な》くなろうとしている人の霊が夢枕《ゆめまくら》に立つという話はよく聞くが、この現象がそうなのかどうか、その夜、父は息を引き取った。昏睡してから一度も意識を取り戻さなかったので、夢の暗示のごとく、父は残していく家族のことが心残りになっていたのかもしれない。

実のところ、彼女はその1週間前も知人の肉親が亡くなることを言い当て、関係者をびっくりさせている。もっとも僕の場合、これしきのことでは驚かなくなっている。身の回りで不可解きわまることが頻繁に起こっているからで、その顚末《てんまつ》については本編でもふれた通りである。

沖縄という土地はまことに得体がしれない。通読してもらえばわかるように、奇怪な話があちこちに転がっている。だがもっとも怖いのは、沖縄の人たちがあってはならない話や現象をあり得ることとして、静かに受け止めていることであろう。その意味で、本当に不気味なのはこの土地の人々というべきなのかもしれない。

といいつつ、そんな不可知の領域に否定的で不感症であった自分がしだいに敏感になり、世にも不思議な世界の橋渡し役として、このような本まで書いてしまっていることも怖いのだが……。

さて、この先わたしはどんな身の毛のよだつ出来事と遭遇するのか、機会があれば、またつつみかくさずお伝えしたいと思う。

本稿執筆、上梓《じょうし》にあたっては新潮社の庄司一郎氏に多大なご尽力をいただいた。感謝に堪《た》えない気持ちでいっぱいである。ねがわくはこの怪奇な一冊が沖縄を深く理解する一助にならんことを。

２０１０年2月吉日　　摩訶不思議な島にて

仲村清司

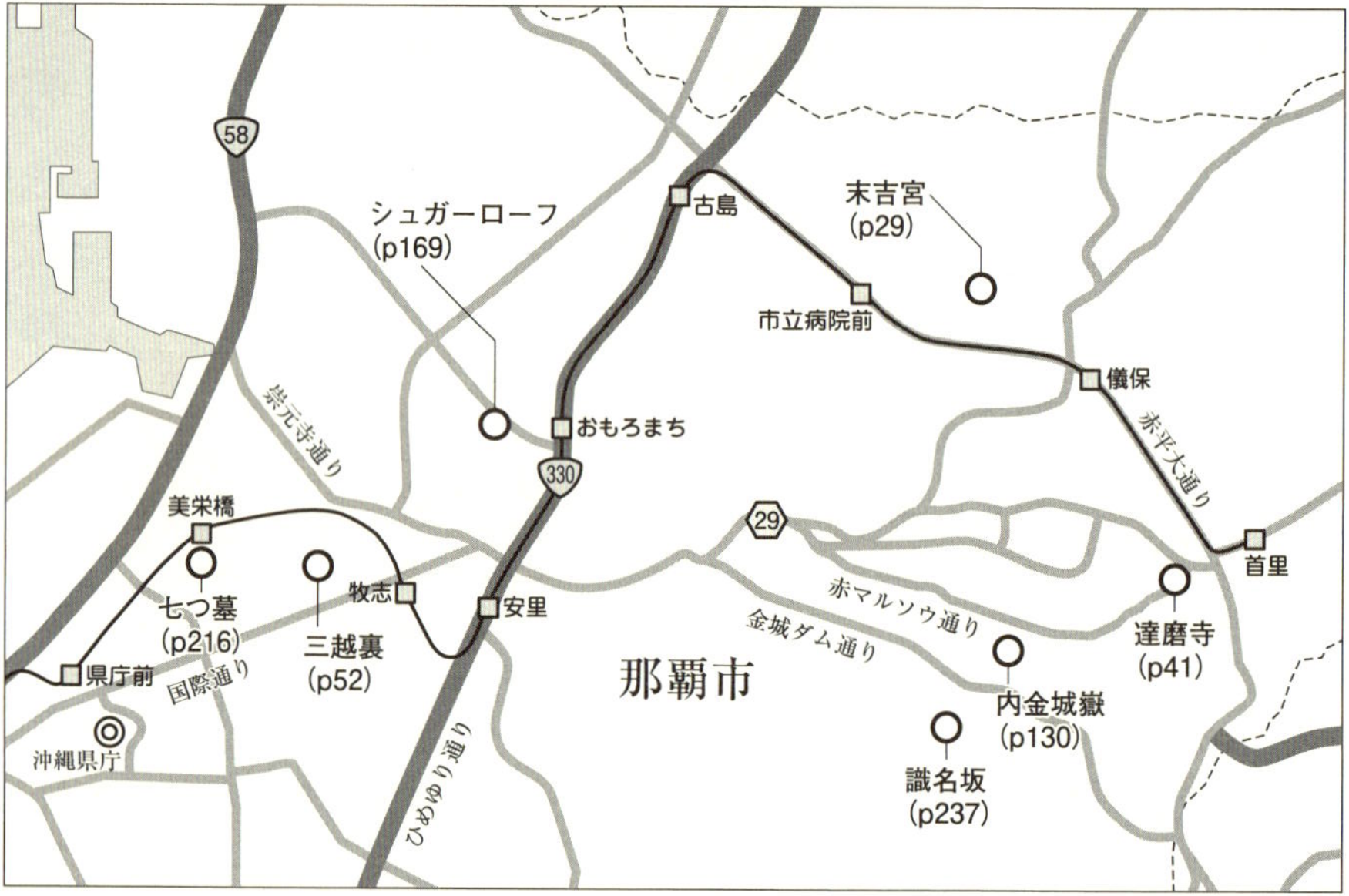
58
シュガーローフ
(p169)
古島
末吉宮
(p29)
市立病院前
儀保
崇元寺通り
おもろまち
330
赤平大通り
美栄橋
29
首里
七つ墓
(p216)
牧志
三越裏
(p52)
安里
赤マルソウ通り
達磨寺
(p41)
金城ダム通り
県庁前
国際通り
那覇市
内金城嶽
(p130)
沖縄県庁
ひめゆり通り
識名坂
(p237)

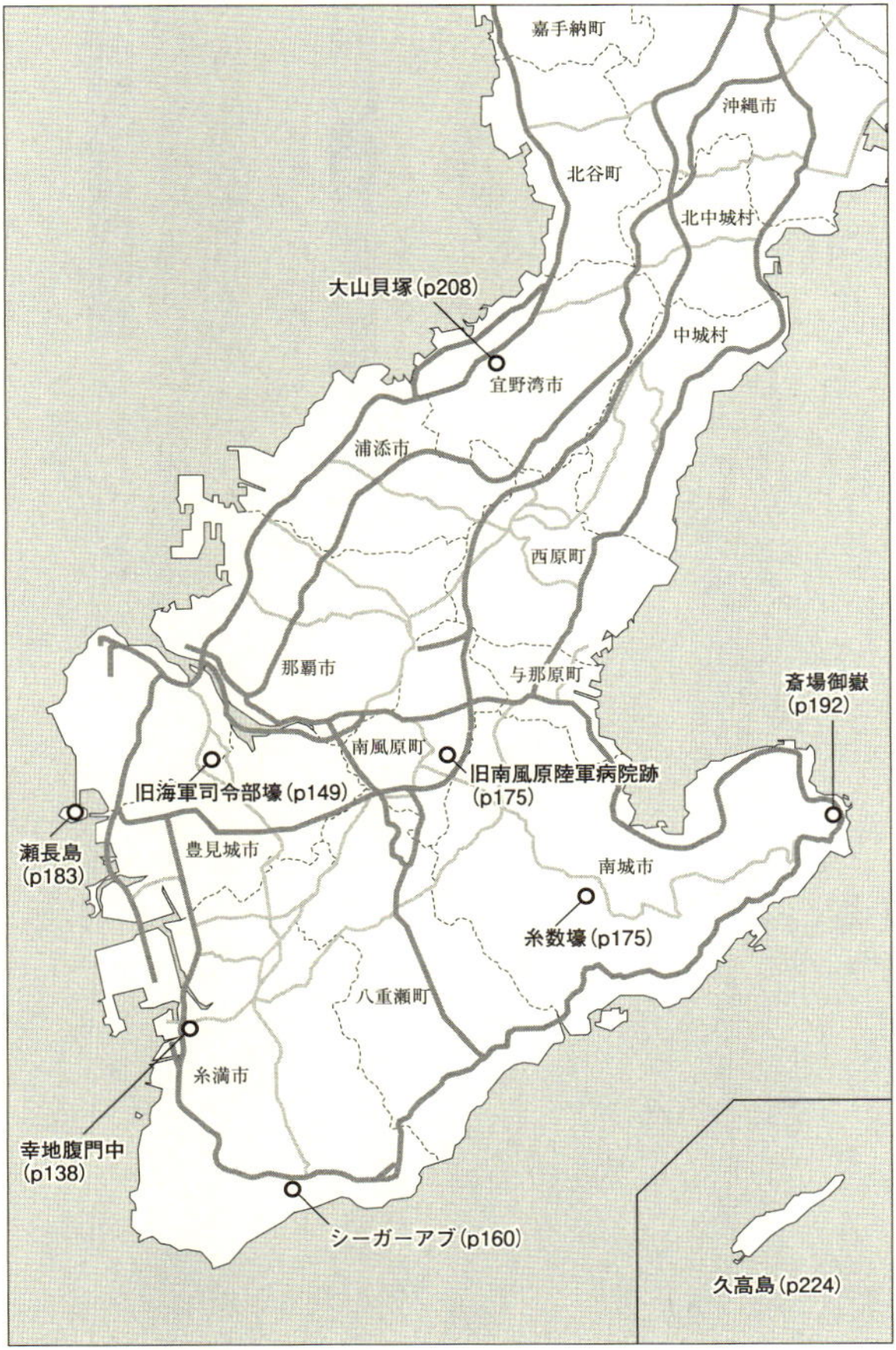
嘉手納町
沖縄市
北谷町
北中城村
大山貝塚(p208)
中城村
宜野湾市
浦添市
西原町
那覇市
与那原町
斎場御嶽
(p192)
南風原町
旧南風原陸軍病院跡
(p175)
旧海軍司令部壕(p149)
瀬長島
(p183)
豊見城市
南城市
糸数壕(p175)
八重瀬町
糸満市
幸地腹門中
(p138)
シーガーアブ(p160)
久高島(p224)

まだまだある噂《うわさ》の怖いスポット

中城高原ホテル跡（中城村中城城趾公園そば）

海洋博景気を当て込んで建設されたが、資金繰りも困難となったために工事が中断し、30年以上放置されているホテル。廃墟＝心霊スポットという図式そのままに、浮遊霊や地縛霊が出るなどのコアな噂が絶えない。

真玉橋（まだんばし）の幽霊（豊見城市・国道329号那覇東バイパス沿い）

王朝時代、架橋工事が難航したためユタが人柱にされた伝説があり、深夜になるとユタの霊が出るとの噂がある。架橋の由来は昭和10年に芝居化されているので、噂の出所はおそらくこれか。橋のたもとに供養の祠《ほこら》が建立されている。

3S（スリーエス）（恩納村ムーンビーチ近く）

若者の間でいちばんヤバイ・危険といわれている。名前の由来は曲がりくねった坂が3つあるからだとか。ユタの修行場ともいわれながらここに入るのを拒絶する人も多いと噂されているが、そのわりには何が出るのかよくわからない。「遊び半分で行かないこと！」らしいです。

VF跡地（浦添市）

米兵用のダンスホールがあったらしく、正式名称は『Veterans of Foreign Wars Club』（退役軍人クラブ）。現在は廃墟だが、施設内には巨大冷蔵庫があり、戦死した兵士の遺体をそのなかに保管したと噂される。近づくとラップ音が聞こえたり、原因不明の頭痛や発熱に襲われたりするという。

森川公園（宜野湾市）

天女が水浴びをしたという羽衣伝説が残る公園だが、ここに行くと悪霊が憑《つ》いてくるという噂あり。またカップルで行くと、斧《おの》と生首を持つ「殺人鬼ジェイソン」のような男の幽霊に襲われるともいわれる。聞けば聞くほどコワクないのだが、県内五指に入る心霊スポットらしい。

まかん道の逆立ち幽霊（那覇市）

夫に鼻を切り落とされ、足に釘《くぎ》を打ち込まれて殺された真鶴という女性が、逆立ちしたまま幽霊となって出るという場所。まかん道とは現在の「真嘉比」地区にある道。沖縄では「お岩さん」級の古典怪談で、芝居でも上演されている。

万座毛（まんざもう）（恩納村）

断崖絶壁であることから、かつては自殺の名所といわれたらしい。自殺者の心霊写真が写るという話が絶えず、ダイバーの間では「海中に防空頭巾《ずきん》をかぶった人々の霊がいる」という話も。自殺者の霊はまだしも、こんな海中に防空頭巾が云々《うんぬん》というのは必然性がないと思うのだが。

解説

垣花　正

上京したばかりのころ、初めての合コンで「沖縄出身です」と恐る恐る都会の女の子たちに言うと、「わ〜うらやましい」というリアクションをされた時の喜びをよく覚えています。

沖縄ってうらやましいって言ってもらえる場所なんだ！　住んでいた私にはわからなかったのです。

あれから22年、実に様々なリアクションを見てきました。

「海がきれいだよね」など羨望《せんぼう》の言葉が大勢を占め、「時間守らないんだよね」という困り顔を少々頂き、実は「沖縄って本当は怖い所ですよね」と言ってきた人は、一人もいなかったのです。

さすがに同じパターンの反応に飽き飽きしてしまっている私にとってこの本は、「む、お主やるな」と、激しく興味をそそられたのでした。

まさに仲村清司さんの鋭い指摘のとおり、沖縄の怖さは日常の生活の中にひょいと顔を覗《のぞ》かせます。南国ののんびりした空気や、何気ない雑談中などに、あまりにも突然に予告なしに現れるので、よりドキッとするんでしょうね。

「見えないものが見える人、見えてはならないものが見えると自他共に認める人がごくフツーにいる！」

「霊的世界の存在を信じ込み、積極的に認めている社会！」

この指摘も実は沖縄に住んでいる時は、沖縄だけじゃなく、どこでもそういうものだと思っていたのです。

沖縄の面白さは、生粋の沖縄県人以外が語ったほうがより際立《きわだ》つ、というのは私の持論です。罰当《ばちあ》たりと罵倒《ばとう》されることを覚悟で書いたと、仲村清司さんはおっしゃいますが、罵倒だなんてとんでもない。まさにありのままの、そしてあまり書かれてこなかった沖縄の姿がここにあります。

そしてこの「怖い」ニュアンスの中に、かなり「滑稽《こっけい》」な要素も含まれているというのが、沖縄宮古島に生まれ育った私の実感なんですね。

私の体験を少し紹介します。

「魂を落とした人」の章に、「心的ショックを受けたり、事故に遭ったりしたら、魂（マブイ）を落としてしまう。放っておくと病気になったり悪霊《あくりょう》が入ってしまうので、マブイグミという魂を戻す儀式がごく一般的に行なわれている」とあります。

まさに中学生の時、私はこのマブイグミの儀式を経験しました。

自動車免許を取得して浮かれるいとこに誘われて二人でドライブへ。弟分の私をビビらせようとスピードを上げて田舎道を突っ走ります。見通しの悪い十字路で犬が飛びだし、慌《あわ》ててハンドルを切りすぎた私たちの車は、さとうきび畑へ突っ込みました。幸い怪我《けが》はありませんでしたが、あわや大惨事の顚末《てんまつ》を知った両方の親と、おじいおばあで一族会議。

「さ、みんなで念のためマブイを拾いに行こう」

おじいが言い、皆で事故現場へ向かいました。

何も落としてやいないのに、どこにどう車が突っ込んだのか説明を求められ、まるで実況見分。やおらさとうきび畑にしゃがみ込むと、おじいは石を7つ拾い、私に渡すのでした。

「今夜はこれを枕《まくら》の下に置いて眠りなさい」

沖縄ではひとりに魂が7つあるという。まさに石を魂に見立てているわけです。魂を身体《からだ》に戻す儀式が、枕の下に置いて寝ることだというのです。

でも、土まみれのきったない石ですよ。ベッドが汚れて嫌だったんですが、しょうがない。

こんなおまじないに毛のはえたようなことを大人たちが真顔でやっていることが妙に可笑《おか》しくて、枕の下でジャリジャリゴリゴリいってる石の音に笑いをこらえたものです。


信心深い大人たちは子供にとってかっこうの突っ込みの対象です。

旧暦の1月16日に行なわれるお墓参りは、親戚《しんせき》が一堂に会する、お正月以上と言ってもいいビッグイベントです。「沖縄の墓はばかでかく、石室の前面には十数人がいっぺんに座れるほどの広場」があり、「重箱料理やらお酒を持ち込んでのお花見のノリの宴会」を繰り広げるわけで、子供たちも一年に一度のその日を楽しみに待ちます。

中学生くらいの頃、この墓参りが臨時で行なわれたことがありました。

親戚で一番霊感が強いとされるおばさんの夢に、曾祖母《そうそぼ》が出てきて「お金が足りないよ〜」と訴えたというのです。

そう、あの世で生きる？　にもお金がかかるのです。

念のため知り合いのユタに見てもらったら「確かにお金に困ってるね」とのこと。急遽《きゅうきょ》、お墓参り決定！

沖縄の親戚たちはこういう時、万難排して全員集まるんですね。中学生の私の中でにわかにクローズアップされる、あの世のお金ウチカビ！「紙幣状の紙に銭形の押《おう》印《いん》が入った紙銭」は近所の古い雑貨屋に売っていました。

「おばさ〜ん、あの世のお金くださいな」

と言う変な買い物。

お店のおばさんは普通に、

「お墓参りね〜偉いね、いっぱい拝みなさいね」

と言いながら売ってくれます。

さて緊急墓参り。お金に困った息子に急遽お金を振り込むように、墓の前はさながらあの世へのキャッシュディスペンサー。何やらブツブツつぶやきながらあの世のお金ウチカビを燃やすことによって、曾祖母に送金されることになるわけですが、ここで、みんなが持ち寄ったウチカビをまとめて燃やすわけではないんですね。

「はい、おばあ、このお金は垣花家からだよ〜」

「はい、おばあ、次のお金は平良家だよ〜」

きっちり家ごとにわけて燃やしている。

理由を聞けば、多くお金を送った家を、よりしっかり守ってくれるということなんだとか。

ホントかよ！　金は要求するわ、金額で差はつけるわ、どれだけドライなんだと子供心につっこんだものです。


つまりは沖縄の先祖は死んでも向こうの世界でしっかり生きていると考えられています。しかもこの世との利害関係をしっかりと結びながら。

利害関係といえば、沖縄には本名とは別の神の名（かんぬな）というのを持っている人がいます。ミドルネームのようなものといえばいいでしょうか。ミドルネームと違うのはほとんど表に出ることもないし、使うこともありません。自分に神の名がついていることを知らないままの人もいます。子供が誕生した時に、ゲンを担《かつ》いでつけておこうか、というノリ。

この神の名に使われるのが曾祖父や曾祖母をはじめご先祖さんの名前なんですね。つまりひとりの子供につき、ひとりのご先祖さんをボディガードのようにつけて守ってもらおうという考え方。

甥《おい》っ子の神の名をつけるところを見ましたが、御盆の上に候補の名前をいくつか置いて紙相撲よろしく揺らします。同じ名前が3回落ちるまで繰り返すので、かなり時間がかかります。そしてついに決まった彼の神の名はなんとカニ！　ミドルネームとしてはちょっとかっこ悪い。

昔の沖縄の人たちの名前には、男性だとカニさん、女性だとカマドさんが圧倒的に多いんですね。何故《なぜ》か？

まさに仲村さんがヒヌカン（火の神）の章で指摘されているように、沖縄の人たちの親密度ナンバー1の神様「家族の健康や厄払い祈願など一切合切知り尽くした家庭に密着し家族化した神様」が「火」ですから、逆に火に燃えつくされないようにと、火に強い、「竃」カマドや「鐘」カニなどが名付けられたというわけ。

とにもかくにも亡《な》くなった人たちが、生活の中に、心の中に、一緒に生き続けているのが沖縄です。本当にいるかいないか、あの世があるかないか、証明などする必要がないのが沖縄です。またそれについて議論をする意味がないのが沖縄です。

なぜならそれは、それぞれの心の中のことであって、自分の心の世界は自分がしっかり管理しているから。

何を信じるか、どこまで信じるかも人の自由。自由度がかなり高いのも沖縄らしいところ。

心の風景を穏やかにするために上手に情報を管理しているようにも見えます。

せっかく解説というありがたい仕事をさせていただいたのに、我が両親には秘密にしなければなりません。

なぜなら、まさに「心霊スポット」新都心に去年引っ越したばかりだから。

この本を我が両親以外のすべての人に薦めます。

（平成二十四年五月、ニッポン放送アナウンサー）

この作品は平成二十二年四月新潮社より刊行された。

仲村清司著
沖縄学
―ウチナーンチュ丸裸―
「モアイ」と聞いて石像を思い浮かべるのはヤマトンチュ。では沖縄人にとってはなに？大阪生れの二世による抱腹絶倒のウチナー論。

下川裕治著
5万4千円でアジア大横断
地獄の車中15泊！　バスを乗り継ぎトルコまで陸路で行く。狭い車内の四角い窓から大自然とアジアの喧騒を見る酔狂な旅。

下川裕治著
格安エアラインで世界一周
1フライト八百円から！　破格運賃と過酷サービスの格安エアラインが世界の空を席巻中。インターネット時代に実現できた初の試み。

下川裕治著
世界最悪の鉄道旅行
ユーラシア横断2万キロ
のろまなロシアの車両、切符獲得も死に物狂いな中国、中央アジア炎熱列車、コーカサス爆弾テロ！　ボロボロになりながらの列車旅。

伊集院憲弘著
客室乗務員は見た！
VIPのワガママ、突然のビンタ、機内出産！　客室乗務員って大変なんです。元チーフパーサーが語る、高度1万メートルの裏話。

伊集院憲弘著
客室乗務員の内緒話
モンスター修学旅行生、泥酔サラリーマン、超・飛行機マニア。お客さまは今日も事件を連れてくる。現役美女2名との座談会も収録。

ぱいかじ南海作戦
椎名誠著
失意の中、南の島にやってきた俺は、この世の楽園のような島で、長期海浜狩猟キャンプ生活に入った――あやしいサバイバル小説。

全日本 食えば食える図鑑
椎名誠著
ゴカイ、ウミヘビ、イソギンチャク、ハチノコ、熊……全国の珍しいもの、変わったものを求める、日本一つら～い食べ歩きエッセイ。

わしらは怪しい雑魚《ざこ》釣り隊
椎名誠著
あの伝説のおバカたちがキャンプと釣りと宴会に再集結。シーナ隊長もドレイもノリノリの大騒ぎ。〈怪しい探検隊〉復活第一弾。

銀天公社の偽月
椎名誠著
脂まじりの雨の中、いびつな人工の月が街を照らす。過去なのか、未来なのか、それとも違う宇宙なのか？　朧夜脂雨的戦闘世界七編。

わしらは怪しい雑魚釣り隊
―サバダバ サバダバ篇―
椎名誠著
大物釣りのメッカ、八丈島でついに最少釣果（赤ちゃんアジ一匹）を記録！　日本一めげない男たちが繰り広げる抱腹絶倒の釣り紀行。

すすれ！　麺の甲子園
椎名誠著
勝手に決定、日本一の優勝麺！　ラーメンからシラタキまで、ご当地麺をずるずるすすり倒した炎の麺紀行。おすすめ店データ付。

岩中祥史著
博多学
「転勤したい街」全国第一位の都市――博多。独特の屋台文化、美味しい郷土料理、そして商売成功のツボ……博多の魅力を徹底解剖！

岩中祥史著
札幌学
ガイドブックでは分からない観光やグルメのツボから、「自由奔放」あるいは「自分勝手」な札幌人の生態まで、北の都市雑学が満載。

岩中祥史著
広島学
赤ヘル軍団、もみじ饅頭、世界遺産・宮島だけではなかった――真の広島の実態と広島人の実像に迫る都市雑学。蘊蓄充実の一冊。

國定浩一著
阪神ファンの底力
阪神ファンのＤＮＡに組み込まれた、さまざまな奇想天外な哲学。そんな彼らから学ぶ人生を明るく、楽しく生きるヒント満載の書。

一橋文哉著
三億円事件
戦後最大の完全犯罪「三億円事件」。焼け焦げた500円札を手掛かりに始まった執念の取材は、ついに海を渡る。真犯人の正体は？

一橋文哉著
未解決
―封印された五つの捜査報告―
「ライブドア『懐刀』怪死事件」「八王子スーパー強盗殺人事件」など、迷宮入りする大事件の秘された真相を徹底的取材で抉り出す。

入江敦彦著
イケズの構造
すべてのイケズは京の奥座敷に続く。はんなり笑顔の向こう、京都的悦楽の深さと怖さを解読。よそさん必読の爆笑痛快エッセイ！

入江敦彦著
秘密の京都
桜吹雪の社、老舗の井戸、路地の奥、古寺で占う恋……京都人のように散歩しよう。ガイドブックが載せない素顔の魅力がみっちり！

入江敦彦著
怖いこわい京都
「そないに怖がらんと、ねき（近く）にお寄りやす」――微笑みに隠された得体のしれぬ怖さ。京の別の顔が見えてくる現代「百物語」。

石井光太著
神の棄てた裸体
―イスラームの夜を歩く―
イスラームの国々を旅して知ったあの宗教と社会の現実。彼らへの偏見を「性」という視点から突き破った体験的ルポルタージュの傑作。

石井光太著
絶対貧困
―世界リアル貧困学講義―
「貧しさ」はあまりにも画一的に語られていないか。スラムの生活にも喜怒哀楽あふれる人間の営みがある。貧困の実相に迫る全14講。

NHK「東海村臨界事故」取材班
朽ちていった命
―被曝治療83日間の記録―
大量の放射線を浴びた瞬間から、彼の体は壊れていった。再生をやめ次第に朽ちていく命と、前例なき治療を続ける医者たちの苦悩。

久保田修著　ひと目で見分ける287種 野鳥ポケット図鑑

この本を持って野鳥観察に行きませんか。精密なイラスト、鳴き声の分類、生息地域を記した分布図。実用性を重視した画期的な一冊。

久保田修著　ひと目で見分ける580種 散歩で出会う花ポケット図鑑

日々の散歩のお供に。イラストと写真を贅沢に使い、約500種の身近な花をわかりやすく紹介します。心に潤いを与える一冊です。

小山鉄郎著 白川静監修　白川静さんに学ぶ 漢字は楽しい

私たちの生活に欠かせない漢字。複雑で難しそうに思われがちなその世界を、白川静先生に教わります。楽しい特別授業の始まりです。

小山鉄郎著　白川静さんに学ぶ 漢字は怖い

「白」「遊」「笑」などの漢字に潜む、怖い成り立ちを、白川文字学体系を基に紹介。豊富なイラストとともに解説するシリーズ第2弾。

小泉武夫著　不味い！

この怒りをどうしてくれる。食の冒険家コイズミ教授が、その悲劇的体験から「不味さ」の源を解き明かす。涙と笑いと学識の一冊。

小泉武夫著　これがC級グルメのありったけ

安くて、手近で、美味い、それが庶民の味方C級料理の極意だ。〝楽しく明るく何でも食べる〟コイズミ博士の爆笑グルメエッセイ。

新潮文庫最新刊

仲村清司著
ほんとうは怖い沖縄
南国の太陽が燦々と輝く沖縄は、実のところ怖～い闇の世界が支配する島だった。現地在住の著者が実体験を元に明かす、楽園の裏側。

鹿島圭介著
警察庁長官を撃った男
2010年に時効を迎えた国松長官狙撃事件。特捜本部はある男から詳細な自供を得ながら、真相を闇に葬った。極秘捜査の全貌を暴く。

マーク・トウェイン
柴田元幸訳
トム・ソーヤーの冒険
海賊ごっこに幽霊屋敷探検、毎日が冒険のトムはある夜墓場で殺人事件を目撃してしまい――少年文学の永遠の名作を名翻訳家が新訳。

W・B・キャメロン
青木多香子訳
野良犬トビーの愛すべき転生
あるときは野良犬に、またあるときは警察犬に生まれ変わった「僕」が見つけた、かけがえのないもの。笑いと涙の感動の物語。

M・ルー
三辺律子訳
レジェンド
―伝説の闘士ジューン＆デイ―
近未来の分断国家アメリカで独裁政権に挑む15歳の苦闘とロマンス。世界のティーンを夢中にさせた27歳新鋭、衝撃のデビュー作。

C・カッスラー
P・ケンプレコス
土屋晃訳
フェニキアの至宝を奪え（上・下）
ジェファーソン大統領の暗号――世界の宗教地図を塗り替えかねぬフェニキアの彫像とは。古代史の謎に挑む海洋冒険シリーズ第7弾！

ほんとうは怖《こわ》い沖縄《おきなわ》

新潮文庫　な－50－3

平成二十四年七月一日発行

著者　仲《なか》村《むら》清《きよ》司《し》
発行者　佐藤隆信
発行所　株式会社 新潮社

郵便番号　一六二—八七一一
東京都新宿区矢来町七一
電話　編集部(〇三)三二六六—五四四〇
読者係(〇三)三二六六—五一一一
http://www.shinchosha.co.jp

価格はカバーに表示してあります。

乱丁・落丁本は、ご面倒ですが小社読者係宛ご送付ください。送料小社負担にてお取替えいたします。

印刷・錦明印刷株式会社　製本・錦明印刷株式会社

ISBN978-4-10-116343-7　C0195